L'ÉTUDE

D'HOMÈRE ET DE VIRGILE

AU

COLLÈGE PARISIEN DE LA MARCHE

EN 1757

D'après le Manuscrit 78 de la Bibliothèque
de Vitry-le-François.

PAR ERNEST JOVY

VITRY-LE-FRANÇOIS

Imprimerie du *Messager de la Marne*, rue Dominé de Verzet, 13.

1911

L'ÉTUDE

D'HOMÈRE ET DE VIRGILE

AU

COLLÈGE PARISIEN DE LA MARCHE

EN 1757

D'après le Manuscrit 78 de la Bibliothèque
de Vitry-le-François.

VITRY-LE-FRANÇOIS

Imprimerie du *Messager de la Marne*, rue Dominé de Verzet, 13,

—

1911

L'ÉTUDE D'HOMÈRE ET DE VIRGILE

AU COLLÈGE PARISIEN DE LA MARCHE

En 1757

d'après le manuscrit 78 de la Bibliothèque
de Vitry-le-François.

———⁂———

Le Collège de la Marche était l'un des collèges de
plein exercice les plus florissants et les plus réputés de
Paris. Il remontait à 1420. Il reconnaissait deux fondateurs, Guillaume de la Marche, mort en cette même
année, qui lui avait laissé en mourant toute sa fortune,
et Beuve de Woinville, mort en 1432, exécuteur testa-
mentaire de Guillaume de la Marche, qui l'avait établi
dans quelques maisons achetées aux religieux de Saint-
Vincent de Senlis et situées aux environs de la place
Maubert (¹). Cette double fondation prit le nom de la
Marche-Woinville. On y recevait surtout comme bour-
siers des sujets originaires du pays des fondateurs,
c'est-à-dire de la Marche, dans le Barrois, au diocèse

(1) Sur le Collège de la Marche, consulter aux Archives Nationales M. 171–
173 (titres de fondation), MM. 455, 458, 459 (recueils de titres et de transcrip-
tions d'actes), MM. 456–457 (état des anciennes acquisitions), S. 6181–6182,
6491–6498 (titres de propriété), d'après l'ancien *Inventaire sommaire et tableau
méthodique des fonds conservés aux Archives Nationales*, Paris, Imprimerie
Nationale, 1871–1875 ; mais toutes ces cotes ont été changées et bouleversées.

de Toul, doyenné de Vittel, et de Rosières-aux-Salines, près de Saint-Nicolas-du-Port, dont Guillaume de la Marche avait été curé, et de Woinville, de Buxières et de Buxerolles (1), près de Saint-Mihiel. Plus tard d'autres fondateurs portèrent à vingt-deux le nombre des bourses, toutes à la collation de l'archevêque de Paris qui en était le proviseur.

Ce Collège fut prospère jusqu'à la Révolution. Les professeurs en étaient pourtant fort peu payés au commencement du xviiie siècle. Dans une supplique adressée au cardinal de Noailles, archevêque de Paris, le principal, les deux chapelains et le procureur du Collège demandaient une augmentation de traitement « pour les aider à subsister, attendu que leur condition était pire que celle des domestiques du Collège ».

En 1757, ce Collège avait pour principal M. Le Neveu, pour professeurs de philosophie MM. Gaston et Segui et pour professeur de rhétorique, M. Lambert.

Ce dernier professeur paraît avoir occupé cette chaire avec distinction, après avoir rempli dans ce même Collège celles de seconde et de troisième.

La Bibliothèque nationale possède, imprimée, une pièce de vers latins de sa composition. Elle est ainsi intitulée et dédiée : *Serenissimo principi Armando de Rohan Ventadour* (2), *abbati et principi Murbacensi,*

---

(1) Sur Guillaume de la Marche et Beuve de Woinville, cf. Dom Calmet, *Histoire de Lorraine*, t. IV, *contenant la Bibliothèque lorraine*, Nancy, Leseurre, 1751, col. 632 et col. 1030-1031.

(2) Dans les *Carmina D. Caroli Lebeau*, Parisiis, typis Benedicti Morin, 1782, p. 179, on trouve deux pièces de vers latins adressées par Lebeau à ce même personnage qui devint le cardinal de Soubise. La première est ainsi intitulée et dédiée : *S. R. E. Principi Armando de Rohan de Ventadour, quum universae philosophiae theses in collegio Sorbonae Plessaeo propugnaret,*

Universitatis parisiensis ex-rectori, Sorbonæ priori, e gravissimo morbo convalescenti ECLOGA. Elle est signée de J. M. Lambert, *in collegio Marchiano humanitatis professor.* Elle fut imprimée, avec une permission ainsi libellée : *Cum permissu die 4 januarii 1741.* FEYDEAU DE MARVILLE, chez Thiboust, *ex typographia Thiboust, Regis, nec non Academiae Parisiensis typographi.*

Trois volumes manuscrits de la Bibliothèque de Vitry-le-François (n°ˢ 77, 78 et 79) contiennent le cours de rhétorique que professait Lambert à La Marche : *Compendium rhetoricum in quo continentur Rhetorica, Exercitatio, Amplificationes tum latinae, tum gallicae, orationes duae Mureti, versiones tum latinae, tum graecae, carmina tum confecta, tum conficienda,* etc., M.DCC.LVII. On trouve dans ces manuscrits, outre une rhétorique, *Rhetorica domini Lambert, eruditissimi eloquentiae professoris in collegio Marchiano,* — des versions latines et grecques, de nombreux arguments de discours latins et français, de nombreuses matières de vers latins, un assez grand nombre de pièces poétiques latines qu'il avait choisies parmi les productions les plus remarquables, à son gré, des latinistes de l'Université de Paris ou qu'il avait lui-même composées (¹). L'une d'elles, signée seulement d'initiales illi-

die Dominica Jul. undecima ann. D. 1754, — la seconde : EUROPA, *quum theses regi dicatas pro tentativa propugnaret in Sorbona Serenissimus princeps Armandus de Rohan de Ventadour, die septima mensis Martii, anno Domini 1758.*

(1) On peut voir un recueil assez curieux de vers latins composés par les élèves des jésuites, au Collège Louis-le-Grand, dans *Musae rhetorices seu Carminum libri seu a selectis rhetorices alumnis in regio Ludovici magni collegio elaborati et palam recitati in argumenta ipsis proposita ab* AG. ANN. XAVERIO DE LA SANTE, *Societatis Jesu sacerdote,* Lutetiae Parisiorum, apud Joannem Barbou, 1745.

sibles, est l'œuvre de l'un des maîtres de La Marche,
unus e collegio Marchiano magister. Il l'a écrite au moment où Lambert, alors professeur de troisième, allait
prononcer dans ce Collège un discours sur le rétablisse-
ment de Louis XV dont la maladie à Metz avait inspiré
tant d'alarmes, et sur son retour à Paris. Le titre de cette
pièce est celui-ci : *Musis Marchianis, cum Jac. Mathu-
rinus Lambert, tertii ordinis in collegio Marchiano professor, orationem publicam in restitutam Regis optimi
valetudinem haberet in praedicto collegio die Jovis 17
mensis Decembris anno Domini 1744*. Cette ode a certainement été imprimée. Le copiste a transcrit le permis
d'imprimer : *Cum permissu, die 16 Decembris anno
1744*. FEYDEAU DE MARVILLE. Cette ode contient un éloge
lyrique de Louis XV qui s'accorde avec les transports
du peuple de Paris pour acclamer la rentrée du roi qui
avait eu lieu le 13 octobre dernier. Elle loue aussi avec
vivacité les qualités littéraires de Lambert si capable
de traduire, au milieu des sentiments universels d'affection pour le monarque, l'attachement particulier que le
Collège de La Marche avait voué à la personne royale :

> En vobis aderit bonus
> Interpres tacitæ mentis, et intima
> Qui fando referet sagax
> Vestri sensa animi, doctus et anxii
> Curas ducere pectoris,
> Et solers animi gaudia pingere (1).

Nous ne possédons pas le discours de Lambert qu'on
célébrait ainsi par avance ; mais nous pouvons deviner

(1) *Compendium rhetoricum*, t. II, p. 319-321 (Bibliothèque de Vitry-le-François, mscr. 78).

quels en étaient à peu près les développements par l'argument d'une amplification française sur le même sujet qu'il avait proposé à ses élèves :

Discours d'un bon Français

Il invitera ses concitoyens à aller aux pieds des autels remercier le Seigneur d'avoir délivré la France d'un monstre furieux qui déchirait ses entrailles, qui infectait l'air de son haleine empestée, et d'aller offrir des vœux tendres et sincères pour le meilleur de tous les monarques.

Il feindra qu'il entend la patrie adresser ses prières au ciel et le conjurer d'accorder de longues années à un prince humain, bienfaisant, qui, pour le bonheur de ses sujets, a sacrifié sa propre gloire, et s'est arrêté au milieu de ses conquêtes pour pacifier l'Europe, et pour faire goûter à son peuple les douceurs de la paix. Elle demandera au ciel : 1° si ce sont nos crimes qui ont attiré sa vengeance, pourquoi il ne l'a pas fait tomber sur nous plutôt que sur un père si tendre et si plein de bonté ; 2° si c'est pour le convaincre par l'excès de notre douleur de l'excès de notre amour. Elle dira que le roi ne peut pas douter de notre tendresse pour lui, puisque nous lui en avons donné tant de preuves, tantôt par les alarmes que nous a causées son enfance, lorsque nous craignions que le moindre souffle de l'Aquilon n'endommageât cette tendre et jeune fleur (1), tantôt

(1) Allusion aux alarmes qu'avait causées, en 1721, une maladie de Louis XV, « une grosse fièvre avec un mal de gorge ». Le médecin Helvétius sauva le jeune roi. Aux alarmes succéda une joie extraordinaire. « Paris où, l'année d'auparavant, l'avarice semblait avoir rompu les liens les plus respectés, où le désespoir aigrissait toutes les âmes, où l'on n'entendait que plaintes, que murmures, qu'accusations, n'offrait plus que des scènes de paix et de la plus douce ivresse. On imagina de souper devant sa porte : la capitale la plus renommée par son luxe, rappelait la simplicité des mœurs antiques par cette réunion de banquets de famille. A la faveur d'un été brillant et serein ces parties de plaisir se prolongèrent pendant près de deux mois. La joie était trop pure pour que la licence s'y mêlât ». (Charles Lacretelle, *Histoire de France pendant le dix-huitième siècle*, Paris, Delaunay, 1812, t. I, p. 356). — Cf. aussi *Journal historique ou fastes du règne de Louis XV surnommé le Bien aimé*, Paris, Prault et Saillant, 1756, 1re partie, p. 47.

par notre consternation et notre abattement lorsqu'un récit trop fidèle nous avait annoncé que ce prince victorieux était menacé du coup mortel, mais que si l'état de langueur où il était plongé pour lors, ne lui permit pas de voir notre extrême affliction, il a du moins vu à son retour les transports de notre joie, transports qui ont pu le convaincre combien il était aimé. La patrie finira par conjurer le Dieu des miséricordes, puisqu'il a lui-même brisé les dents du monstre qui voulait dévorer une victime si innocente et si précieuse, de veiller sur les jours d'un roi si religieux, et digne successeur des saint Louis, des Clovis et des Charlemagne (1).

Comme on le voit, l'actualité, aussi bien qu'aujourd'hui, savait se glisser dans les exercices scolaires. Lambert semble lui avoir fait une place assez fréquente ; et nous signalerons encore deux autres sujets d'amplifications françaises qu'il avait donnés. Par le premier il demandait à ses élèves de réfuter le célèbre *Discours sur les sciences et les arts* avec lequel Rousseau, quelques années auparavant, en 1750, avait remporté le prix à l'Académie de Dijon :

Plaintes des lettres

contre un écrivain ingénieux, mais téméraire, qui les a accusées de nuire aux mœurs.

(On comprend ici sous la nomination des belles-lettres les beaux-arts et les sciences).

On fera parler les lettres elles-mêmes. Elles commenceront par se plaindre d'un écrivain dont elles ont cultivé l'esprit et qui emploie le talent qu'elles ont perfectionné en lui, à livrer à

---

(1) *Compendium rhetoricum*, t. I, p. 367. (Bibl. de Vitry-le-François, mscr. 77).

ses bienfaitrices l'attaque la plus cruelle (1). Elles protesteront que, si l'imputation qu'on leur fait de nuire aux mœurs, était fondée, elles consentiraient volontiers à être proscrites et bannies ; mais elles s'élèveront avec indignation contre ce reproche dont elles déclareront qu'elles vont prouver la fausseté.

Elles allégueront pour 1re preuve la lumière qu'elles portent dans les esprits sur les principes qui fondent les règles des mœurs ; on fera le parallèle de l'homme ignorant et de l'homme instruit ; sur cet article le premier, s'il est vicieux, suivra brutalement son penchant ; s'il a une vertu d'instinct, elle sera toujours chancelante ; on montrera au contraire les avantages de l'homme instruit.

Les lettres observeront en 2me lieu qu'elles agissent sur les cœurs et qu'elles adoucissent les inclinations : « Mais que dirons-nous de la douce influence que nous exerçons sur les cœurs ? Les grâces qui nous accompagnent, se communiquent à eux, etc. ; par une activité secrète nous insinuons dans les âmes de nos nourrissons les vertus de société, la politesse, le penchant à faire du bien aux autres ». Elles se glorifieront de porter leurs douceurs jusque dans le métier de la guerre, et elles citeront les exemples contraires de la clémence de César après la victoire, et de la férocité de Marius, homme rustre et affectant de mépriser les belles connaissances, qui remplit Rome de sang et de carnage.

On finira en insultant à l'ignorance à qui l'on adressera la parole : « Renonce donc, grossière ignorance, à un vain triomphe, quitte une gloire usurpée », et on lui assignera les avan-

---

(1) On peut, à propos de ces paroles, rappeler les lectures que Rousseau avait faites de Plutarque, sa traduction de Tacite, toutes les idées qu'il a empruntées à Sénèque, sans doute après qu'il eût fait la connaissance de Diderot. Il n'y a qu'à parcourir précisément le *Discours sur les sciences et les arts* pour voir tout ce qu'il a dû à ces divers auteurs. « Son premier fond, ce sont les lieux communs de la morale antique, les invectives contre le luxe et la richesse, l'éloge de la vie frugale et pauvre des Spartiates, la science déclarée inutile et vaine, les arts corrupteurs, l'exaltation du sage qui trouve dans la vertu le bien suprême et la quiétude de l'âme, — toute la substance des *Vies parallèles*, du *De moribus Germanorum*, et des *Lettres à Lucilius*. » (Louis Bertrand, *La fin du classicisme et le retour à l'antique*, Paris, Hachette, 1897, p. 7).

tages ignomineux qui lui conviennent et on lui dénoncera qu'il ne lui est pas permis de s'attribuer ceux de la vertu (1).

Un autre devoir nous apporte une foule de détails piquants de la vie contemporaine :

Plaintes d'une fruitière au commissaire de la rue Mouffetard

Elle s'insinuera d'abord dans les bonnes grâces du commissaire en lui disant que depuis trente ans qu'elle est dans le quartier, il n'a jamais entendu des plaintes contre elle, ni même en former contre qui que ce soit, que bien loin d'être une femme qui cherche querelle avec ses voisins, elle prévient tout le monde par ses bonnes façons, qu'elle se contente de pourvoir par un petit gain honnête aux besoins de sa petite famille.

« J'étais occupée de ces honnêtes pensées, ajoutera-t-elle, lorsque tout à coup, presque avant le lever du soleil, passe devant ma porte une troupe de petits scélérats », et elle racontera le reste de son histoire. Elle n'oubliera aucun trait. Elle avait quatorze paniers de fraises ; deux étaient destinés à M. le Comte un tel ; deux autres à M. le Curé, et les deux plus beaux à M. le commissaire. Le reste était destiné à fournir à sa subsistance et à celle de ses enfants. Mais ces petits brigands, sous prétexte de marchander son fruit, veulent tous en goûter, elle a beau crier et tempêter, ils continuent, et, après s'en être rassasiés, ils lui jettent le reste au visage, et l'accablent d'insultes et d'outrages.

Après ce récit qui sera vif et animé, elle augmentera l'atrocité du crime : 1° du côté du tort que cette violence fait à sa famille qui va manquer de pain pendant plusieurs jours ; 2° du côté des circonstances qui ont accompagné cet horrible attentat ; « encore s'ils s'étaient contentés de manger mon bien, qu'ils ne l'eussent pas foulé aux pieds, qu'ils ne s'en fussent

(1) *Compendium rhetoricum*, t. III, p. 143 (Bibl. de Vitry-le-François, mscr. 79).

pas servis contre moi-même, s'ils ne m'avaient pas traitée comme la dernière des misérables », etc. ; 3º du côté de la destination de ces beaux fruits. « Je préparais cette petite reconnaissance à M. le Comte qui a tant de bonté pour mes enfants, et surtout pour ma petite Fanchon qu'il veut faire maîtresse d'école dans son village ; et j'en destinais autant à M. le Curé qui est si bon qu'il m'a déjà promis plus de six fois l'absolution depuis le jubilé, etc. ; mais vous, Monsieur, pouvais-je ne pas vous réserver ce que j'avais de meilleur, vous qui faites tous les jours tant de caresses à mes petits garçons, surtout à Jacquot, mon aîné, que vous avez juré cent fois de faire votre secrétaire, parce que vous lui connaissez d'admirables dispositions pour la chicane, etc. »

Ensuite, ne pouvant plus retenir sa bouillante colère : « Race maudite, ordure des collèges, etc., faut-il donc, etc. ; ta bouche est bien faite vraiment pour manger des fraises, etc. » Après plusieurs autres invectives de cette nature, elle exhortera fortement le commissaire à la venger. Elle lui présentera deux motifs : 1º Il y est obligé par son devoir ; il doit empêcher qu'il n'arrive aucun tumulte, mais surtout par la protection dont il veut bien honorer sa famille ; elle étendra un peu ses deux raisons.

Elle demandera dans sa conclusion deux choses : 1º qu'on fasse arrêter toute cette troupe de bandits au retour des champs ; qu'on la conduise dans son Collège, qu'on lui fasse payer le double de la marchandise pour la dédommager du gain qu'elle aurait pu faire ; 2º qu'on en fasse un exemple éclatant, qu'on en choisisse dix de la bande des plus coupables qu'elle désignera elle-même pour les faire écorcher ; elle fournira volontiers les verges et les bras (1).

Ce qui nous a paru le plus intéressant dans ce *Compendium rhetoricum*, c'est un exercice littéraire, contenu dans le tome second, qui est évidemment de la compo-

---

(1) *Compendium rhetoricum*, t. III, p. 206 (Bibl. de Vitry-le-François, mscr. 79).

sition de Lambert et qui fut prononcé à la distribution
des prix de La Marche, le 11 août 1757 (1). On sait que
l'Université de Paris, au lieu de favoriser, à l'imitation
de la Compagnie de Jésus (2), les représentations théâ-
trales dans ses collèges, multipliait, particulièrement à
l'époque des distributions de prix, les exercices littéraires, c'est-à-dire ces « actions publiques dans lesquelles
les écoliers rendent compte des auteurs qu'ils ont vus
en classe, ou en particulier, et de tout ce qui a fait la
matière de leurs études » (3). Telle était la définition
qu'en donnait Rollin dans son *Traité des Etudes*. Le
docte professeur d'éloquence au Collège Royal pensait
que « c'était la manière la plus simple, la plus natu-
relle, et en même temps la plus avantageuse de produire
les jeunes gens en public que de leur faire ainsi rendre
compte des auteurs qu'on leur a expliqués ».

Ces exercices étaient, au dire de Rollin, fort goûtés
du public. « On a vu souvent des auditoires assez nom-
« breux prêter une attention étonnante pendant un
« assez long temps, parce que les choses y étaient trai-
« tées d'une manière fort intéressante. » Et un peu plus
loin il dit encore : « J'ai vu, pendant plus de vingt ans

(1) Au commencement de cet exercice (p. 35 du mscr. 78 de Vitry), on lit :
*Exercice de Monsieur Lambert, professeur de rhétorique au Collège de la
Marche, prononcé le jour des prix de l'année 1757.* Vient ensuite (p. 39) le
Cum Deo que nous reproduisons dans notre texte. P. 37 est un autre titre :
*Exercice prononcé le jour des prix du Collège de la Marche en l'année mil
sept cent cinquante-sept,* suivi de cet AVERTISSEMENT : « Cet exercice fut prononcé le 11 Août 1757 par Mr. Charles Le Molt qui était le principal acteur de
l'exercice, et par Mr Louis Jean Michael Bontemps de Montreuil qui était celui
qui l'ouvrit. Et, après l'exercice, on distribua les prix avec les cérémonies
ordinaires ».

(2) Cf. Ernest Boysse, *Le Théâtre des Jésuites,* Paris, Vaton, 1880, p. 107.

(3) Cf. Rollin, *De la manière d'enseigner et d'étudier les belles-lettres par
rapport à l'esprit et au cœur,* t. IV, p. 597 et suiv.

« de suite, distribuer les prix dans un exercice ordi-
« naire avec une très grande célébrité et un très grand
« concours de personnes choisies et distinguées, qui,
« pendant tout l'exercice, gardaient un profond silence,
« ce qui n'arrive point toujours quand on représente
« des pièces de théâtre. Cela n'est point particulier à
« un Collège. Il y en a plusieurs où ces exercices se
« font avec beaucoup d'éclat : et tout récemment il
« s'en est fait un au Collège de la Marche pour la dis-
« tribution des prix, où l'auditoire était très nombreux
« et très choisi, et où le répondant, — c'était le fils de
« M. de Fieubet, conseiller au Parlement, — s'est acquis
« une grande réputation ». (1)

Rollin écrivait ces lignes en 1728. Le Collège de la
Marche, on le voit, était depuis longtemps célèbre par
ses exercices. L'exercice que nous fait connaître le
manuscrit de la bibliothèque de Vitry-le-François, a dû,
nous semble-t-il, avoir aussi quelque succès. Lambert
l'avait entièrement préparé pour ses élèves. Il se
conformait ainsi à l'un des conseils de Rollin : « On
« peut, disait-il, préparer quelques endroits d'une ma-
« nière particulière, donner sur cela aux écoliers quel-

(1) Un peu plus haut, Rollin écrit : « Un des exercices qui réussissent le
mieux, et qui plaisent davantage au public, est sur la rhétorique. On fait lire à
un jeune homme des endroits choisis de Cicéron et de Quintilien, où les grands
principes d'éloquence sont établis ; et on les lui fait apprendre par cœur pendant
le cours de l'année à la place des leçons ordinaires. On lui en fait faire l'application à des harangues de Démosthène et de Cicéron qu'on lui a auparavant
expliquées avec soin. On l'oblige de marquer la différence du style et du caractère de ces deux grands orateurs qui ont toujours été regardés comme les modèles
les plus parfaits de l'éloquence. Des plus habiles Avocats du Parlement qui
assistèrent en grand nombre à un pareil exercice que faisait le fils d'un illustre
magistrat [*le fils aîné de M. de Fleury, Procureur général*], en sortirent
extraordinairement contents, et il est vrai que le répondant parlait avec toute
la grâce que l'on peut désirer. »

« ques cahiers qu'on leur fait lire plusieurs fois avec
« attention et même apprendre par cœur, surtout dans
« les commencements. On sent bien que des endroits
« préparés ainsi avec soin par un maître habile, doivent
« plaire beaucoup plus que ce qu'un jeune homme
« dirait de lui-même sur le champ. Il apprend et s'ac-
« coutume par là à bien penser et à bien parler... »
Un autre conseil que donnait encore Rollin, c'était
« d'employer tous ses soins pour répandre de l'agré-
« ment dans les exercices » (1).

Lambert nous paraît y avoir parfaitement réussi,
malgré l'étendue de cet exercice, et par la variété et
par l'intérêt des développements qu'il fournissait à ses
jeunes acteurs classiques. L'exercice était précédé d'un
« discours latin prononcé par celui qui faisait l'exercice », et d'un autre « discours latin prononcé par celui
qui ouvrait l'exercice », c'est-à-dire par l'élève qui posait,
ou plutôt qui paraissait poser à son condisciple des
questions et lui opposer des difficultés. Cet exercice se
divisait en quatre parties : l'une sur le *Pro Marcello*,
l'autre sur les six derniers livres de l'*Eneïde*, la troisième sur « les harangues de Cicéron contre Catilina »,
sur la première Catilinaire, la quatrième, enfin, sur le
cinquième livre de l'*Iliade*, d'Homère.

« Voici la manière », dit le manuscrit, « dont le *Cum
Deo* » — c'est-à-dire l'avis qui annonçait cette joute
scolaire et le titre de l'imprimé, si toutefois cet exercice

---

(1) Les exercices avaient un tel succès que nous voyons imprimer en 1747 un
Cours de belles-lettres distribué par exercices, 3 vol. in-12. Il s'en fit dans les
collèges et les pensionnats jusque vers 1830.

a été imprimé, ce que nous ne croyons pas, — « était construit » :

Cum Deo

Ad solemnem præmiorum distributionem

Carolus LE MOLT

Tullensis (1), alumnus

In rhetorica auditor,

M. Tullii Ciceronis orationes pro M. Marcello et quatuor in Catilinam interpretari conabitur.

Idem P. Virgilii Maronis Œneidos sex libros posteriores, necnon Homeri Iliados librum quintum pro suo captu exponet.

Exercitationi præludet lectissimus condiscipulus

Ludovicus Joannes Michael

BONTEMPS de MONTREUIL

Audomarensis, (2)

in eadem schola auditor

Die Jovis undecima mensis Augusti, anno

Domini 1757, a secunda

ad vesperam

In aula

Marchiana.

L'un de ces deux élèves, Charles Le Molt, né à la Marche, le 7 mai 1741, de « M. Louis Le Molt, avocat en parlement, et de damoiselle Marie-Anne Gentil, son épouse », était avocat quand il fut élu, en 1807, par l'arrondissement d'Epinal, candidat au corps législatif, sans être appelé à y siéger (3).

Nous reproduisons ici les deux parties de cet exercice qui sont relatives aux derniers chants de l'*Eneïde* et au

---

(1) *Tullensis*, de Toul.

(2) *Audomarensis*, de Saint-Omer.

(3) Dr Robinet, *Dictionnaire historique et biographique de la Révolution et de l'Empire*, Paris, s. d., t. II, p. 405.

cinquième chant de l'*Iliade*. Elles nous montrent bien
ce qu'on pouvait dire et enseigner alors dans les collèges
à propos des deux plus grands poètes des deux antiqui-
tés. Geoffroy, dans son *Cours de littérature dramatique*,
a censuré avec la plus grande vivacité ces exercices où
les élèves ne faisaient, disait-il, que réciter des disser-
tations composées par les maîtres « et ne prouvaient
que leur mémoire ». Le Molt et Bontemps de Montreuil
n'ont peut-être été, au Collège de la Marche, que les
habiles récitateurs de l'œuvre de leur maître qui avait
voulu les garantir contre toutes les timidités et tous les
risques d'une mémoire défaillante devant un auditoire
sans doute nombreux et difficile. Mais leur maître s'est
montré dans cette composition un traducteur d'une
exacte élégance qui ne semblait être arrivé à l'admiration qu'après une étude consciencieuse et une assimila-
tion complète des textes, un habile arrangeur, à l'aide
du dialogue, des reproches adressés à Homère et à
Virgile et des réfutations opposées à ces reproches, qu'il
avait rencontrés dans la *Lettre à l'Académie* de Fénelon,
dans le *Discours sur Homère* de La Motte, dans l'*Essai
sur la poésie épique* de Voltaire, dans le *Traité des Etudes*
de Rollin. Il nous a paru que nous possédions là deux
documents pédagogiques intéressants. On comprend
qu'avec de tels maîtres et de semblables exercices, l'éloquence ait été si brillante, si pleine des images de Rome
et de la Grèce à l'heure de la Révolution et que le mouvement « antiquisant », le retour à l'antique ait été alors
si prononcé : André Chénier a peut-être dû plus aux
leçons et aux souvenirs du Collège de Navarre qu'à
cette influence de sa mère qu'on a tant célébrée.

Sur les six derniers livres de l'Enéïde [1]

Demande.

Je ne puis m'imaginer que ce soit par goût et par réflexion que vous avez choisi les six derniers livres de Virgile ; car il est décidé, Monsieur, qu'ils sont très inférieurs aux six premiers.

Réponse.

Je ne sais de quel tribunal cet arrêt est émané, mais je ne le crois pas sans appel, et j'ignorais que quelqu'un se fut avisé de décider que la seconde partie de l'Eneïde était indigne de la première.

Demande.

Eh bien, Monsieur, je vous apprends donc que des critiques qui passent pour très habiles, et à qui « leur admiration pour Virgile ne ferme point les yeux sur ses défauts, ont reconnu que les six derniers livres étaient moins travaillés, et ils prétendent que ce grand poète le sentait lui-même, et que c'était la vraie raison pour laquelle il avait eu dessein de brûler son ouvrage » [2].

Réponse.

Les négligences qui échappent nécessairement aux auteurs dans le feu de la composition, peuvent être plus fréquentes dans cette seconde partie de l'*Eneïde* que dans la première que notre poète avait retouchée, et qu'il se proposait encore de

---

(1) *Compendium rhetoricum*, t. II, p. 115 (Biblioth. de Vitry-le-François, mscr. 78).

(2) Ces mots sont de Voltaire. *Essai sur le poème épique* (*Œuvres complètes*, Paris, Lequien, 1823, t. X, p. 303). — Nous renverrons toujours à cette édition.

recorriger avec plus d'attention ; mais s'ensuit-il que la seconde
partie soit tout à fait défectueuse, et qu'elle n'ait son mérite ?
L'idée du beau et du parfait qu'avait Virgile, et l'estime qu'il
faisait des poèmes d'Homère, l'engagèrent à prier ses amis de
brûler son ouvrage, parce qu'il n'avait pu y mettre la dernière
main ; mais on ne voit pas qu'il ait demandé que les flammes
épargnassent la première partie, et on ne doit pas conclure qu'il
la trouvât de beaucoup supérieure à l'autre.

DEMANDE.

Mais, Monsieur, l'on sait « qu'il ne voulut réciter à Auguste
que le premier, le second, le troisième et le quatrième livre qui
sont effectivement la plus belle partie de l'*Eneïde* » (1), et il
n'est point dit qu'il ait lu au prince aucun des six derniers.

RÉPONSE.

On ne voit nulle part ce fait particulier touchant la prédilec-
tion de Virgile par rapport à ces quatre livres. L'historien de
sa vie ne le dit point ; il remarque seulement que Virgile lut le
sixième livre au prince en présence d'Octavie, parce qu'il y
avait adroitement inséré l'éloge du jeune Marcellus. Un poète
à qui un prince chargé du gouvernement de l'univers veut bien
accorder quelques moments, choisit les morceaux les plus intéressants de son ouvrage, et rien ne pouvait faire plus de plaisir
à ce prince que l'éloge de Marcellus qu'il avait désigné son
successeur à l'empire.

DEMANDE.

Si vous pensez que sur des faits si douteux ils n'ont pas dû
fonder leur critique, voici un raisonnement solide dont ils s'ap-
puient. « Il n'est point donné aux hommes, disent-ils, d'être parfaits. Virgile a épuisé tout ce que l'imagination a de plus grand
dans la descente d'Enée aux Enfers ; il a dit tout au cœur dans
les amours de Didon. La terreur et la compassion ne peuvent

(1) Ces mots entre guillemets sont de Voltaire, *Essai sur le poème épique*
(*Œuvres complètes*, t. X, p. 404).

aller plus loin que dans la description de la ruine de Troie. De cette haute élévation où il était parvenu au milieu de son vol, il ne pouvait guère que descendre ». (1) Voilà un raisonnement puisé, comme vous voyez, dans la nature même de l'esprit humain, et qui milite en leur faveur.

RÉPONSE.

Il ne décide point la question, ce me semble, et ces messieurs ont bien mauvaise opinion de l'imagination de ce génie sublime. Quelles preuves allèguent-ils pour nous convaincre totalement qu'elle avait été épuisée dans la première partie ? Il est vrai que ce n'est plus l'embrasement d'une ville, ni un massacre de malheureux citoyens qu'il va décrire. Il ne s'agit plus de peindre les commencements et les funestes suites d'une passion violente. Il n'a plus à tracer des objets aussi terribles que le Tartare et les Furies vengeresses. Il n'a plus de descriptions à faire aussi agréables que celle des Champs-Elysées. Mais doit-on dire pour cela que Virgile ne se soutient plus, et qu'il descend dans la suite de son poème ? C'est une autre matière qui s'offre à son pinceau : le sublime, le tendre, le gracieux, le pathétique, sont semés dans les six derniers livres comme dans les six premiers. Il y a même plus d'invention, de plus beaux détails et plus d'épique dans cette seconde partie que dans la première, et le poète y dispose avec choix et avec un goût exquis toutes les beautés que lui avait fournies la brillante imagination d'Homère.

DEMANDE.

On convient que les six derniers chants de l'*Enéide* ne sont pas sans beauté ; il n'y en a aucun où l'on ne connaisse Virgile. On y voit partout la main d'un homme qui lutte contre les difficultés, mais il faut avouer que cet intérêt vif qui régnait dans la première partie, ne règne plus dans la seconde.

(1) L'objection de ces critiques de Virgile est présentée en ces termes par Voltaire dans son *Essai sur la poésie épique* (*Œuvres complètes*, t. X, p. 404).

Réponse.

Un poème épique n'est point un roman. Virgile intéresse le cœur dans la première partie ; dans la seconde, c'est l'esprit. Le lecteur voyant le prince Troyen accablé d'ennemis et toute l'Italie en feu, voyant son camp assiégé de toutes parts, et ce héros obligé de combattre contre un aussi grand prince et un aussi redoutable guerrier que Turnus, craint pour lui, pour Ascagne, pour tous les Troyens dont les malheurs continuent à l'intéresser. Je crois que tout homme qui aime sincèrement sa patrie, qui se plaît à voir une entreprise bien conduite, qui se sent du goût pour l'héroïsme, qui est touché des pertes que fait sa nation dans le cours d'une guerre sanglante et cruelle, en un mot qui a l'inclination un peu martiale, doit être plus ému, plus intéressé d'une certaine façon dans les six derniers livres de l'*Enéide*.

Demande.

Tout le monde n'a pas cette inclination martiale, et l'art d'un poète, c'est de plaire à toutes sortes de lecteurs. Le projet du mariage d'Enée avec Lavinie peut-il intéresser après les amours de Didon ?

Réponse.

Cela est vrai. Aussi n'est-ce point par là que Virgile a prétendu plaire dans toutes les parties de son poème. C'était assez pour lui d'avoir une fois intéressé le lecteur par la peinture de cette passion. Il aurait cru se dégrader de mêler à tout propos, comme nos frivoles romanciers, des intrigues d'amour et de peindre ses effets. Dans cette seconde partie Virgile n'a point eu en vue de mettre cette passion en jeu. Il ne s'y agit que de la gloire et de l'accomplissement des oracles qui appellent Enée à la succession de la couronne du roi Latinus et à la fondation d'un nouvel empire en Italie.

Demande.

« La guerre contre les Latins commencée à l'occasion d'un

cerf blessé ne peut que refroidir l'imagination que la ruine de
Troie avait échauffée » (1); et, d'ailleurs, le motif qui fait courir
aux armes est bien puéril, et Virgile sommeillait alors.

RÉPONSE.

Fallait-il donc que Virgile, après avoir peint la ruine de
Troie, continuât à peindre des massacres et des horreurs ?
L'imagination du lecteur échauffée sur le second livre n'a-t-
elle pas eu le temps, je ne dis pas, de se refroidir, mais de se
tempérer dans les livres suivants. Si le poète eût fait passer
tout à coup son lecteur d'un spectacle si tragique à la mort
d'un cerf, sans doute il aurait été répréhensible ; mais il lui a
donné le temps de se remettre de l'impression que des images
si effrayantes avaient faite sur son imagination. Quant à cet
accident, qui soulève tout le pays contre les Troyens, on peut
dire que les moindres choses donnent souvent lieu aux plus
grands événements. Mais, tout commun qu'il est, Virgile a su
le relever par le motif qui le cause, je veux dire la vengeance
de Junon qui évoque Alecton des Enfers pour répandre partout
les fureurs de la guerre.

DEMANDE.

« Me permettez-vous de le dire, Monsieur, ce qui me blesse
davantage dans les six derniers livres de Virgile, c'est qu'on est
tenté, en les lisant, de prendre le parti de Turnus contre
Enée » (2). Car remarquez bien que Virgile ne l'a pas représenté comme un prince haïssable, comme un détestable tyran,
comme un oppresseur ; au contraire, c'est un grand prince et
un guerrier très courageux, c'est un autre Achille.

RÉPONSE.

Si Virgile l'eût peint tout à fait vicieux, il n'eût point intéressé, il n'eût inspiré que de l'horreur, mais s'il lui donne quel-

(1) Mots de Voltaire, *Essai sur la poésie épique (Œuvres complètes*, t. X,
p. 404).

(2) Cette phrase est de Voltaire, *Essai sur le poème épique (Œuvres complètes*, t. X, p. 404).

ques vertus brillantes, il lui donne aussi des défauts. C'est un autre Achille, mais il est violent, fougueux, et en même temps peu religieux ; il traite fort cavalièrement une prêtresse, du moins celle qui en a l'apparence ; il lui dit sèchement de s'occuper de ce qui regarde son ministère, se servant même d'épithètes injurieuses. On ne le voit pratiquer presque aucun acte de religion, et il a au nombre de ses alliés et pour second un prince très brave, mais un impie et un véritable athée. Turnus est furieux dans ses discours et dans ses actions, et fanfaron dans ses menaces. Pourquoi donc serait-on tenté de prendre son parti contre Enée qui est au moins aussi brave que lui, mais sans emportement, qui est sage, religieux, fidèle à sa parole, compatissant, juste, et qui, dans l'entreprise de cette guerre, se conforme aux oracles des dieux et ne fait rien sans les consulter ?

DEMANDE.

Si Turnus paraît un peu emporté, cela n'est point étonnant. Il est jeune, il aime passionnément, et il voit un aventurier qui veut lui enlever une princesse qui lui est promise en mariage, et dont l'hymen allait assurer son bonheur, celui d'Amate, et même de Lavinie, et unir les Latins avec les Rutules. Je vous avoue qu'Enée ne joue pas un personnage bien brillant. Arriver des côtes de l'Afrique pour enlever une épouse à un amant chéri, et pour faire une guerre injuste à un roi qui ne le connaît point, est-ce être héros ?

RÉPONSE.

S'il entrait en Italie à titre de ravisseur et de conquérant qui n'a d'autre droit que la force et l'injustice, il ne mériterait guères qu'on s'intéressât pour lui. A ces traits odieux je ne reconnais point le héros de l'*Enéide*. Rassemblons quelques circonstances qui justifieront Virgile. Turnus est représenté partout comme un prince plus ambitieux que tendre, et les charmes de Lavinie le touchent moins que l'éclat de la couronne. S'il veut l'épouser, c'est qu'il veut joindre le royaume de Latinus au sien. Il a déjà fait plusieurs conquêtes et il brûle d'envie d'étendre les bornes de son empire. C'est un prince altier qui sacrifie tout à son intérêt et à son ambition. On ne s'intéresse donc point du tout au succès de son mariage. Enée n'est pas non plus un aventurier, mais un prince choisi par Jupiter qui l'appelle en Italie pour y fonder un puissant empire. Quand on lit un ouvrage de l'antiquité, il faut, pour le goûter, prendre fictivement les mœurs et la religion des anciens peuples. On doit se défaire des idées de son siècle et renoncer aux mœurs de ses contemporains. Sans cela on tombe dans le dégoût, et nos mœurs modernes, jointes à de frivoles idées de roman qui voltigent dans nos têtes, président au jugement que nous formons de ces chefs-d'œuvre. Il est donc nécessaire de le considérer d'un œil religieux, et de se mettre dans le point de vue où étaient les Romains pour qui ce poème a été destiné. Tous les oracles qui appelleront Enée en Italie, qui établissaient ses droits sur le royaume de Latinus, nous touchent peu ; mais les Romains en étaient frappés, parce qu'ils étaient conformes à leur religion.

Demande.

Pour couper court à toutes ces critiques, ne faudrait-il pas adopter le nouveau plan que propose un moderne pour remédier aux défauts qui se trouvent dans cette seconde partie de l'*Enéide*. « Il fallait peut-être, dit-il, qu'Enée eût à délivrer Lavinie d'un ennemi plutôt que de combattre un jeune et aimable amant, qu'il secourût le vieux roi Latinus au lieu de ravager son pays. Je voudrais, dit-il, qu'il eût un rival que je puisse haïr, afin de m'intéresser au héros davantage ; une telle disposition eût été une source de beautés nouvelles » (1), et tout en serait bien mieux.

Réponse.

Monsieur, ce serait substituer un plan dramatique à un plan épique. Ce serait faire un roman à la française, et non un poème

(1) Voltaire, *Essai sur la poésie épique* (*Œuvres complètes*, t. X, p. 404-405).

à la romaine. Turnus, suivant la religion de ces temps-là, ne devait point aspirer à Lavinie ni au trône de son père. Enée était celui que l'oracle de Faunus avait clairement désigné pour gendre et pour successeur du roi Latinus. Le prince rutule, guidé par une ambition et une politique condamnable, entreprend une guerre téméraire, et y succombe ; cela suffit, et il n'est pas besoin de le peindre plus haïssable. Quant à Enée, il intéresse beaucoup lorsqu'on se place dans le point de vue d'un ancien Romain. Ainsi ne changeons rien dans l'*Enéide*. Souvent on gâte les ouvrages des anciens, en voulant les réformer. Ne poussons point la présomption jusqu'à croire que nous pouvons mieux faire qu'eux. On se moquerait d'un jeune peintre qui voudrait reprendre les défauts d'un Raphaël (1).

DEMANDE.

Je me range de votre avis, et au lieu de chercher à critiquer dans l'*Enéide*, cherchons plutôt de quoi admirer. Comme les exemples font tout un autre effet que les préceptes, nous ne nous amuserons pas à rappeler toutes les règles qui constituent le poème épique. Etudions-les dans les ouvrages même de Virgile. Je vais vous prier d'en expliquer quelques endroits. Enée heureusement arrivé en Italie, et voyant qu'on lui suscite une guerre redoutable, tâche en homme prudent de se fortifier de l'alliance d'Evandre qui le reçoit favorablement, et après l'avoir bien régalé, il lui raconte l'aventure d'Hercule, et la victoire de ce héros sur Cacus. C'est là où je vous prie de commencer. Ce récit se trouve au livre huitième de l'*Enéide*, vers 184 : *Postquam exempta fames, et amor compressus edendi, — Rex Evandrus ait : « Non haec solemnia nobis, — etc.*

____

(1) Imité de Voltaire qui, dans l'*Essai sur la poésie épique* (*Œuvres complètes*, t. X, p. 406), termine son chapitre sur *Virgile* par ces mots : « Mais ma présomption va trop loin, ce n'est point à un jeune peintre à oser reprendre les défauts d'un Raphaël ; et je ne puis pas dire comme le Corrège : *Son pittore anch'io* ».

RÉPONSE.

Postquam exempta fames, et amor compressus edendi,
Rex Evandrus ait : « Non haec solemnia nobis,
Has ex more dapes, hanc tanti numinis aram
Vana superstitio veterumque ignara deorum
Imposuit : saevis, hospes Trojane, periclis
Servati facimus, meritisque novamus honores (1).

« Lorsque tout le monde fut rassasié, et qu'on eût cessé de manger, le roi Evandre prit la parole, et dit : « Illustre chef des Troyens, ce n'est ni une vaine superstition, ni l'oubli des anciens dieux qui ont introduit parmi nous cette fête solennelle, institué ce banquet sacré, élevé ce grand autel à la divinité que nous révérons. Les affreux périls dont nous avons été sauvés exigeaient de nous ces marques d'une juste reconnaissance, et c'est là le motif qui nous fait renouveler tous les ans ces mêmes sacrifices ».

Jam primum saxis suspensam hanc aspice rupem,
Disjectae procul ut moles, desertaque montis
Stat domus, et scopuli ingentem traxere ruinam (2).

« Jetez d'abord les yeux sur cette roche qui pend en précipice ; regardez ces masses qui en ont été détachées, cette habitation déserte au fond de la montagne, et ces ruines entassées tout autour. »

Hic spelunca fuit, vasto summota recessu,
Semihominis Caci facies quam dira tenebat,
Solis inaccessam radiis ; semperque recenti
Caede tepebat humus, foribusque affixa superbis
Ora virum tristi pendebant pallida tabo (3)

« Là était une caverne vaste, enfoncée et inaccessible aux rayons du soleil ; elle servait de retraite à un monstre demi-homme nommé Cacus : cette cruelle demeure était toujours fumante de sang humain : des têtes pâles et sanglantes étaient sans cesse suspendues à la porte. »

(1) Liv. VIII, v. 184 et suiv.
(2) Liv. VIII, v. 190 et suiv.
(3) Liv. VIII, v. 193 et suiv.

> Huic monstro Vulcanus erat pater ; illius atros
> Ore vomens ignes, magna se mole ferebat (1).

« Ce monstre, fils de Vulcain et qui vomissait de noirs tourbillons de fumée, se montrait aux yeux effrayés avec la taille
énorme d'un géant. »

> Attulit et nobis aliquando optantibus ætas
> Auxilium adventumque Dei. Nam maximus ultor,
> Tergemini nece Geryonis spoliisque superbus,
> Alcides aderat, taurosque hac victor agebat
> Ingentes, vallemque boves amnemque tenebant (2).

« Nous en fûmes enfin délivrés, et l'arrivée d'un Dieu nous
procura un secours longtemps attendu. En effet le grand Alcide,
ce fléau des brigands, qui venait de tuer Géryon à trois corps,
arriva dans ces lieux avec les riches dépouilles qu'il lui avait
enlevées. Ce héros conduisait devant lui des troupeaux de
grands bœufs qui couvraient la vallée et les bords de ce fleuve. »

> At furiis Caci mens effera, ne quid inausum
> Aut intractatum scelerisve dolive fuisset,
> Quattuor a stabulis praestanti corpore tauros
> Avertit, totidem forma superante juvencas ;
> Atque hos, ne qua forent pedibus vestigia rectis,
> Cauda in speluncam tractos, versisque viarum
> Indiciis raptos, saxo occultabat opaco (3).

« A cet objet la fureur de Cacus s'alluma ; et pour mettre le
comble à ses crimes et à ses fourberies, il enleva dans la plaine
quatre des plus grands bœufs et autant de génisses des plus
belles, mais de crainte que, s'il les faisait marcher devant lui,
leurs traces ne servissent à les faire découvrir, il les tira par la
queue vers sa caverne, les y fit entrer à reculons, et les cacha
dans l'obscurité de son antre. »

> Quaerentem nulla ad speluncam signa ferebant (4).

(1) Liv. VIII, v. 198 et suiv.
(2) Liv. VIII, v. 200 et suiv.
(3) Liv. VIII, v. 205 et suiv.
(4) Liv. VIII, v. 212.

« On avait beau chercher : aucun de leurs pas ne conduisait
à la caverne. »

> Interea, cum jam stabulis saturata moveret
> Amphitryoniades armenta, abitumque pararet ;
> Discessu mugire boves, atque omne querelis
> Impleri nemus, et colles clamore relinqui (1).

« Cependant Alcide, après avoir fait paître ses troupeaux
dans la prairie, les rassemblait et se préparait à les emmener :
aussitôt les bœufs se mettent à mugir et font à leur départ
retentir de leurs plaintes les bois et les collines. »

> Reddidit una boum vocem vastoque sub antro
> Mugiit, et Caci spem custodita fefellit (2).

« Une des génisses répondit à leurs cris. Elle fit entendre ses
mugissements du fond de l'antre où elle était gardée, et trompa
l'espérance de Cacus. »

> Hic vero Alcidæ furiis exarserat atro
> Felle dolor : rapit arma manu nodisque gravatum
> Robur, et aerii cursu petit ardua montis (3).

« Aussitôt le dépit et la fureur d'Alcide s'enflamment ; il
saisit ses armes, il prend sa massue noueuse et pesante, et vole
à la montagne escarpée. »

> Tum primum nostri Cacum videre timentem
> Turbatumque oculis (4).................

« Les peuples de la contrée virent alors pour la première fois
Cacus saisi de crainte, et le trouble dans les yeux. »

> ....Fugit ilicet ocior Euro
> Speluncamque petit, pedibus timor addidit alas (5).

« Il s'enfuit plus vite que le vent, et gagne sa caverne ; la
frayeur semblait lui donner des ailes. »

(1) Liv. VIII, v. 213 et suiv.
(2) Liv. VIII, v. 217 et suiv.
(3) Liv. VIII, v. 219 et suiv.
(4) Liv. VIII, v. 222 et suiv.
(5) Liv. VIII, v. 223 et suiv.

Ut sese inclusit, ruptisque immane catenis
Dejecit saxum, ferro quod et arte paterna
Pendebat, fultosque emuniit obice postes,
Ecce furens animis aderat Tirynthius, omnemque
Accessum lustrans huc ora ferebat et illinc,
Dentibus infrendens.... (1)

« A peine y est-il entré qu'il brise les chaînes que l'art de Vulcain, son père, avait fabriquées.; l'énorme rocher qu'elles tiennent suspendu, tombe en même temps et avec cette masse il ferme l'entrée de sa caverne ; mais le héros de Tirynthe arrive la fureur dans l'âme et, cherchant des yeux quelque endroit par où il puisse pénétrer, il porte çà et là ses regards en grinçant des dents. »

...........Ter totum fervidus ira
Lustrat Aventini montem ; ter saxea tentat
Limina nequicquam ; ter fessus valle resedit (2).

« Trois fois dans le transport qui l'anime, il fait tout le tour du mont Aventin ; trois fois il essaye inutilement d'arracher avec les mains ce rocher qui tient lieu de porte ; trois fois, lassé de ses vains efforts, il s'assied dans la vallée ».

Stabat acuta silex, praecisis undique saxis,
Speluncæ dorso insurgens, altissima visu,
Dirarum nidis domus opportuna volucrum (3).

« Sur le dos de la caverne s'élevait à perte de vue une roche pointue et escarpée de tout côté : c'était un asile pour les oiseaux de proie qui y faisaient leur nid. »

Hanc, ut prona jugo laevum incumbebat ad amnem,
Dexter in adversum nitens concussit, et imis
Avulsam solvit radicibus ; inde repente
Impulit ; impulsu quo maximus insonat aether,
Dissultant ripae, refluitque exterritus amnis (4).

(1) Liv. VIII, v. 225 et suiv.
(2) Liv. VIII, v. 230 et suiv.
(3) Liv. VIII, v. 233 et suiv.
(4) Liv. VIII, v. 236 et suiv.

« Comme la cime en était penchée à gauche vers le fleuve, Hercule appuyant contre la droite ses fortes épaules, ébranle cette roche, la déracine du sein de la montagne et par un dernier effort la précipite en bas : le ciel retentit du bruit qu'elle fait en roulant ; les rives du fleuve en sont agitées, et ce fleuve lui-même recule d'épouvante. »

> At specus et Caci detecta apparuit ingens
> Regia, et umbrosae penitus patuere cavernae (1).

« Une large ouverture découvrit alors la caverne et le vaste palais de Cacus, et le jour pénétra dans son antre obscur. »

> Non secus ac si qua penitus vi terra dehiscens
> Infernas reseret sedes et regna recludat
> Pallida, Dis invisa, superque immane barathrum
> Cernatur, trepidentque immisso lumine Manes (2).

« Tel nos yeux verraient l'enfer, si la terre venant à s'entr'ouvrir par une violente secousse, découvrait le séjour des morts, ce sombre empire détesté des Dieux, et laissait voir d'en haut ces abîmes profonds du Tartare, et les Mânes tremblants et consternés à l'aspect de la lumière. »

> Ergo insperata deprensum in luce repente
> Inclusumque cavo saxo, atque insueta rudentem
> Desuper Alcides telis premit, omniaque arma
> Advocat, et ramis vastisque molaribus instat (3).

« Cacus, au fond de son antre, se voit donc tout à coup éclairé du jour contre son attente, et pousse d'horribles hurlements. Alcide l'accable d'en haut d'une grêle de traits, et se faisant des armes de tout ce qu'il trouve sous sa main, il lance sur lui des arbres et de grands éclats de rochers. »

---

(1) Liv. VIII, v. 241 et suiv.
(2) Liv. VIII, v. 243 et suiv.
(3) Liv. VIII, v. 247 et suiv.

Ille autem, neque enim fuga jam super ulla pericli,
Faucibus ingentem fumum, mirabile dictu,
Evomit, involvitque domum caligine cæca,
Prospectum eripiens oculis, glomeratque sub antro
Fumiferam noctem, commixtis igne tenebris (1).

« Ce monstre à qui il ne reste aucun moyen de fuir le péril,
fait par un prodige étonnant sortir de son gosier une épaisse
fumée, couvre sa demeure d'une nuée obscure qui le dérobe
lui-même aux yeux, et ne cesse de redoubler dans son antre
ces noires ténèbres mêlées d'étincelles de feu. »

Non tulit Alcides animis, seque ipse per ignem
Præcipiti jecit saltu, qua plurimus undam
Fumus agit, nebulaque ingens specus æstuat atra (2).

« Le courage d'Alcide n'en est que plus animé : d'un saut il
s'élance à travers les feux dans l'endroit de l'antre d'où s'éle-
vaient les tourbillons de fumée les plus noirs et le nuage le
plus épais. »

Hic Cacum in tenebris incendia vana vomentem
Corripit in nodum complexus, et angit inhærens
Elisos oculos, et siccum sanguine guttur (3).

« Et là malgré les flammes inutiles que vomit Cacus dans
les ténèbres, il le saisit, le serre entre ses bras, lui fait sortir les
yeux de la tête, et l'étrangle en lui ôtant la respiration. »

Panditur extemplo foribus domus atra revulsis,
Abstractæque boves abjuratæque rapinæ
Cœlo ostenduntur, pedibusque informe cadaver
Protrahitur : nequeunt expleri corda tuendo
Terribiles oculos, vultum, villosaque setis
Pectora semiferi, atque exstinctos faucibus ignes (4).

« Aussitôt il arrache les portes de cette caverne ténébreuse,
il l'ouvre et en fait sortir les bœufs que le brigand y avait

(1) Liv. VIII, v. 251 et suiv.
(2) Liv. VIII, v. 256 et suiv.
(3) Liv. VIII, v. 259 et suiv.
(4) Liv. VIII, v. 262 et suiv.

traînés et qu'il avait nié avec serment d'avoir enlevés : son cadavre hideux est tiré dehors par les pieds : les assistants ne peuvent se lasser de considérer les yeux terribles, l'air affreux, la poitrine velue de ce monstre, et les restes d'un feu éteint qui sortaient de sa bouche. »

> Ex illo celebratus honos, lætique minores
> Servavere diem ; primusque Potitius auctor,
> Et domus Herculei custos Pinaria sacri,
> Hanc aram luco statuit, quæ maxima semper
> Dicetur nobis, et erit quæ maxima semper (1).

« Depuis ce temps nous avons célébré tous les ans cette fête, et les peuples en ont perpétué avec joie la solennité : Potitius qui en est le premier instituteur, et la famille des Pinariens chargés spécialement de ce qui concerne le culte d'Hercule, ont élevé dans ce bois sacré cet autel que nous appellerons toujours le grand autel et qui sera, en effet, dans tous les siècles le plus grand des autels. »

> Quare agite, o juvenes, tantarum in munere laudum,
> Cingite fronde comas, et pocula porgite dextris :
> Communemque vocate Deum, et date vina volentes (2).

« Maintenant donc, Troyens, en reconnaissance d'une victoire si glorieuse, couronnez vos têtes de feuillages, prenez chacun la coupe à la main, invoquez un Dieu dont le culte vous sera commun avec nous, et faites avec joie des libations en son honneur ».

DEMANDE.

Quel jugement portez-vous de cet endroit ?

RÉPONSE.

L'exemple de Virgile montre aux poètes comment ils peuvent

---

(1) Liv. VIII, v. 268 et suiv.
(2) Liv. VIII, v. 273 et suiv.

fairo usage des traits historiques. Car ce fait est raconté par Denys d'Halicarnasse et par Tite-Live. Certains points de l'ancienne histoire que personne n'ignore, sont bien moins susceptibles des ornements que la fiction y ajoute, et il n'est pas permis de les altérer ; mais, lorsqu'ils sont obscurs et éloignés, il est permis de les amplifier et de les orner. Ainsi Virgile, conformément aux privilèges de son art, a embelli celui-ci. Tout cet épisode est d'une poésie admirable et c'est un chef-d'œuvre de narration : il est difficile de trouver un morceau plus fini ; on ne sait qui l'emporte ici, le style, l'ordre ou la vivacité à raconter. Toutes les qualités d'une narration parfaite s'y trouvent réunies, et c'est un modèle qu'on peut proposer à tous les poètes. On y admire la brièveté. Chaque circonstance n'a que l'étendue qu'elle doit avoir. Les descriptions de la caverne et de la pyramide qui la surmonte, sont concises, et on semble voir des yeux ce que le poète a peint à l'esprit. On y trouve une variété et une fécondité prodigieuse d'expressions. En combien de manières n'exprime-t-il pas cette fumée entrecoupée de feux que Cacus exhale de sa poitrine ? La vivacité du combat d'Hercule contre Cacus est inimitable. Quel style plein et nombreux ! Tous les mots sont sonores, les cadences variées, et quelquefois suspendues : point de syllabes dures et qui se heurtent. C'est d'ordinaire pour les épisodes que Virgile réserve la belle versification. Ce sont des délassements où il ne faut épargner aucun des agréments de la poésie. Vous avez pu remarquer que Racine a imité ce vers : *Refluitque exterritus amnis,* qu'il traduit ainsi :

> Le flot qui l'apporta, recule épouvanté.

DEMANDE.

Les réflexions que vous faites sur ce récit, me donnent lieu de croire que vous n'en ferez pas de moins justes sur un autre endroit du même livre qui m'a toujours paru être d'un art merveilleux. C'est lorsque Vénus, descendue du ciel, vient présenter à son fils les armes que Vulcain, à sa prière, a fabriquées pour Enée. Passez donc, s'il vous plaît, au vers 617 : *Ille, Deae donis.*

RÉPONSE.

Ille, Deae donis et tanto laetus honore,
Expleri nequit, atque oculos per singula volvit,
Miraturque, interque manus et brachia versat
Terribilem cristis galeam flammasque vomentem,
Fatiferumque ensem, loricam ex ære rigentem
Sanguineam, ingentem, qualis cum cœrula nubes
Solis inardescit radiis, longeque refulget (1).

« Le héros, charmé d'un présent si honorable de la déesse,
ne peut se lasser d'y attacher ses regards, et d'en considérer
toutes les parties. Plein d'admiration, il prend et manie dans
ses mains (!) le casque ombragé d'une aigrette terrible et qui
vomit des flammes, l'épée meurtrière, la grande cuirasse d'airain impénétrable de couleur de sang, et semblable à une nuée
ardente que pénètrent les rayons du soleil et qui réfléchit au
loin son éclat. »

Tum leves ocreas electro auroque recocto,
Hastamque, et clypei non enarrabile textum (2).

« Les cuissards polis faits d'un argent mêlé à l'or le plus pur,
la lance et surtout le bouclier dont la gravure et les ornements
ne peuvent être décrits. »

Illic res Italas Romanorumque triumphos,
Haud vatum ignarus venturique inscius ævi,
Fecerat Ignipotens : illic genus omne futuræ
Stirpis ab Ascanio, pugnataque in ordine bella (3).

« Vulcain pour qui les oracles et l'avenir n'ont rien de caché,
y avait gravé l'histoire de l'Italie et les triomphes des Romains :
il y avait représenté toute la suite des descendants d'Ascagne,
et des diverses guerres qu'ils auraient à soutenir. »

Il n'est point douteux que ce ne soit le bouclier d'Achille si
bien peint dans le dix-huitième livre de l'*Iliade* qui a fait naître
à Virgile de feindre que Vulcain en fabrique un semblable pour

(1) Liv. VIII, v. 617 et suiv.
(2) Liv. VIII, v. 624 et suiv.
(3) Liv. VIII, v. 626 et suiv.

Enée ; mais l'imitateur est ici fort au-dessus de l'original.
Homère n'a que le mérite de l'invention. Le poète grec avait
fait une peinture riante et gracieuse, Virgile en fait une intéressante, puisqu'il feint que la main savante de Vulcain pour
qui les destins sont ouverts, y a gravé les plus beaux événements de l'histoire romaine, ce qui a une liaison avec le sujet
de l'*Enéide*. On y voit la fondation de Rome par Romulus,
l'établissement de la religion par Numa, le changement de
gouvernement par l'expulsion des Tarquins, le renouvellement
de la monarchie sous Auguste vainqueur de l'univers et de la
république : quoi de plus noble que cette peinture ? quoi de
plus intéressant et de plus flatteur pour les Romains, et surtout
quoi de plus agréable pour Auguste que de voir la plus impor-
tante de ses victoires annoncée par Vulcain, représentée dans
une image prophétique et transmise à la postérité par la plus
ingénieuse fiction! Virgile, non-seulement a voulu joûter contre
son modèle ; mais il s'est en quelque sorte surpassé lui-même,
et jamais il n'a fait de vers plus forts, plus beaux, plus har-
monieux.

> Fecerat et viridi fetam Mavortis in antro
> Procubuisse lupam ; geminos huic ubera circum
> Ludere pendentes pueros, et lambere matrem
> Impavidos ; illam tereti cervice reflexam
> Mulcere alternos, et corpora fingere lingua (1).

« Dans un antre consacré à Mars on voyait une louve qui,
ayant mis bas nouvellement, était couchée sur la verdure :
deux enfants jumeaux étaient pendus à ses mammelles, suçant,
sans rien craindre et en se jouant, le lait d'une telle mère :
cette louve, tournant la tête, les léchait l'un après l'autre et
passait sa langue le long de leurs petits corps. »

Ces deux enfants, attachés aux mammelles de cette louve,
et badinant sans crainte, sont une image riante que la peinture
et la sculpture ont souvent copiée.

(1) Liv. VIII, v. 630 et suiv.

Nec procul hinc Romam et raptas sine more Sabinas
Consessu caveae, magnis Circensibus actis,
Addiderat, subitoque novum consurgere bellum
Romulidis, Tatioque seni, Curibusque severis (1).

« Non loin de là il avait ajouté la représentation de Rome :
les Sabines y étaient enlevées dans une grande émotion au
milieu d'un spectacle et pendant la célébration des jeux du
cirque : ce qui allumait une nouvelle guerre entre les sujets de
Romulus, le vieux Tatius et les austères Sabins. »

Post idem, inter se posito certamine, reges
Armati Jovis ante aram paterasque tenentes
Stabant, et cæsa jungebant fœdera porca (2).

« Mais ensuite ces deux rois, faisant cesser entre eux leurs
combats, paraissaient avec leurs armes, et la coupe à la main,
devant l'autel de Jupiter pour affermir leur alliance par le sacri-
fice d'un porc. »

Haud procul inde, citæ Metium in diversa quadrigæ
Distulerant (at tu dictis, Albane, manere !),
Raptabatque viri mendacis viscera Tullus
Per sylvam, et sparsi rorabant sanguine vepres (3).

« Près de là deux chars rapides auxquels était attaché Métius,
avaient déchiré et séparé ses membres. Pourquoi aussi violez-
vous, Albains, la foi des serments ? Tullus faisait traîner dans
les bois les entrailles de ce perfide, et son sang dégouttait des
buissons qui étaient arrosés. »

Cet événement est décrit d'une manière très vive et très intéressante par Tite-Live. Cette apostrophe fait ici un très bel effet.

Nec non Tarquinium ejectum Porsenna jubebat
Accipere, ingentique urbem obsidione premebat (4).

« Dans un autre endroit Porsenna voulait rétablir Tarquin
qu'on avait chassé et pressait la ville par un siège opiniâtre. »

(1) Liv. VIII, v. 635 et suiv.
(2) Liv. VIII, v. 639 et suiv.
(3) Liv. VIII, v. 642 et suiv.
(4) Liv. VIII, v. 646 et suiv.

Æneadæ in ferrum pro libertate ruebant (1).

« Les Romains se précipitaient dans les dangers pour défendre leur liberté. »

Illum indignanti similem, similemque minanti
Aspiceres, pontem auderet quod vellere Cocles,
Et fluvium vinclis innaret Clœlia ruptis (2).

« Porsenna avait un air menaçant et plein d'indignation en voyant que Coclès osait rompre un pont devant lui et que Clélie, brisant ses liens, passait le fleuve à la nage. »

Le fameux Horatius, surnommé Coclès, parce qu'il avait perdu un œil dans le combat, soutint seul tout l'effort des ennemis sur le pont qu'il fit rompre derrière lui, sauta ensuite tout armé dans le fleuve, et se sauva à la nage. On n'ignore pas non plus que Clélie qui avait été donnée en otage, trompa ses gardes, prit un cheval et traversa le Tibre à la nage, et mérita par sa hardiesse qu'on lui érigeât une statue équestre dans Rome.

In summo, custos Tarpeiae Manlius arcis
Stabat pro templo, et Capitolia celsa tenebat,
Romuleoque recens horrebat regia culmo (3).

« Au haut du bouclier, Manlius, commis à la garde de la Citadelle, paraissait devant le Capitole ; on y voyait le palais de Romulus couvert d'un chaume tout récent. »

Dans le temps même que Rome était ornée d'édifices superbes on y conservait encore avec une espèce de religion la maison de Romulus couverte de chaume, monument de l'ancienne simplicité qui semblait reprocher aux Romains leur luxe et leur magnificence outrée.

Atque hic auratis volitans argenteus anser
Porticibus Gallos in limine adesse canebat (4).

« Une oie figurée en argent voltigeait sous des portiques

(1) Liv. VIII, v. 648.
(2) Liv. VIII, v. 649 et suiv.
(3) Liv. VIII, v. 652 et suiv.
(4) Liv. VIII, v. 655 et suiv.

dorés et annonçait par ses cris que les Gaulois étaient prêts d'entrer. »

> Galli per dumos aderant, arcemque tenebant
> Defensi tenebris, et dono noctis opacae (1).

« Les Gaulois s'avançaient entre des buissons, et allaient s'emparer de la citadelle à la faveur des ténèbres d'une nuit obscure. »

> Aurea cœsaries ollis atque aurea vestis ;
> Virgatis lucent sagulis : tum lactea colla
> Auro innectuntur : duo quisque Alpina coruscant
> Gæsa manu, scutis protecti corpora longis (2).

« L'or avait été employé pour figurer leurs cheveux et leurs habits : on les distinguait à leurs sayes rayées et à la blancheur de leur col paré d'un collier d'or : chacun d'eux agitait dans sa main deux traits légers, et de longs boucliers leur couvraient le corps. »

> Hic exsultantes Salios, nudosque Lupercos,
> Lanigerosque apices, et lapsa ancilia cœlo
> Extuderat.... (3)

« Là Vulcain avait gravé les Saliens dansants, les prêtres de Pan courant tout nus, les bonnets des pontifes surmontés d'une houppe, et les boucliers tombés du ciel. »

Les uns étaient les prêtres du Dieu Mars qui célébraient en dansant et en frappant sur de petits boucliers la fête de leur Dieu. Horace nous apprend qu'ils avaient soin de se bien régaler et de couvrir leur table des mets les plus délicats et des vins les plus rares. Les Luperques étaient consacrés au culte de Pan, Dieu des bergers, et qui garantissait leur troupeau de la fureur des loups. Lorsqu'ils couraient ainsi tout nus avec des fouets à la main, les dames enceintes avaient la dévotion d'en recevoir quelques coups légers.

---

(1) Liv. VIII, v. 657 et suiv.
(2) Liv. VIII, v. 659 et suiv.
(3) Liv. VIII, v. 663 et suiv.

.... Caslae ducebant sacra per urbem
Pilentis matres in mollibus.... (1)

« Les dames romaines portées dans des chars suspendus accompagnaient les choses saintes qu'on promenait en pompe dans la ville. »

Les Romains, pour reconnaître la générosité de leurs épouses qui avaient donné tous leurs joyaux pour fournir l'argent nécessaire à l'accomplissement du vœu que Camille avait fait au Dieu de Delphes, leur permirent de se faire traîner en carrosse quand elles allaient aux temples et aux spectacles publics.

..... Hinc procul addit
Tartareas etiam sedes, alta ostia Ditis :
Et scelerum pœnas, et te, Catilina, minaci
Pendentem scopulo, Furiarumque ora trementem ;
Secretosque pios, his dantem jura Catonem (2).

« L'autre extrémité du bouclier représentait le séjour du Tartare, le palais superbe de Pluton, les supplices des criminels, et vous, Catilina, attaché à un rocher prêt à vous écraser, et tremblant à la vue des furies vengeresses : les hommes vertueux avaient à l'écart une place distinguée, et Caton leur dictait des lois. »

Il y a toute apparence que Montagne s'est trompé en croyant que Virgile désigne ici Caton d'Utique ; il aurait mal fait sa cour à l'empereur Auguste en faisant un si grand éloge de l'ennemi de César et du partisan zélé du gouvernement républicain. Le poète veut sans doute parler de Caton le Censeur à qui Sénèque donne cette belle louange : *Catonem Censorium populo Romano tam profuit nasci quam Scipionem ; alter enim cum hostibus bellum, alter cum moribus gessit.*

Haec inter tumidi late maris ibat imago
Aurea, sed fluctu spumabant cærula cano :
Et circum argento clari delphines in orbem
Æquora verrebant caudis, æstumque secabant (3).

(1) Liv. VIII, v. 665 et suiv.
(2) Liv. VIII, v. 666 et suiv.
(3) Liv. VIII, v. 671 et suiv.

« Entre ces diverses gravures était figurée en or l'image d'une mer en courroux, mais l'écume des flots était d'argent ; des dauphins figurés aussi en argent nageaient autour et fendaient les vagues avec leur queue.

> In medio classes æratas, Actia bella
> Cernere erat, totumque instructo Marte videres.
> Fervere Leucaten, auroque effulgere fluctus (1).

« On voyait au milieu deux flottes armées en guerre et le combat d'Actium ; ces flottes rangées en bataille couvraient toute la côte de Leucate, et l'éclat des armes d'or était réfléchi par les ondes. »

Cette fameuse bataille qui rendit Auguste maître de l'Empire se donna à la hauteur d'Actium, promontoire d'Epire où il y avait un temple d'Apollon, aujourd'hui appelé *Capo sigalo* et vis-à-vis le promontoire de Leucate dont le nom moderne est *il Capo ducalo*.

> Hinc Augustus agens Italos in praelia Cœsar
> Cum Patribus populoque, Penatibus, et magnis Dis,
> Stans celsa in puppi,.... (2)

« D'un côté César Auguste menant au combat les Italiens, et soutenu du sénat, du peuple, des dieux Pénates, et des dieux de la patrie, paraît debout au haut de la pouppe. »

Rien ne marque mieux la bonté et la justice de la cause d'Auguste. Il a pour lui le sénat et les dieux de la patrie. Antoine, au contraire, n'a pour lui que des étrangers et les dieux d'Egypte.

> .....geminas cui tempora flammas
> Læta vomunt, patriumque aperitur vertice sidus (3).

« Deux rayons de lumière lui sortent des deux côtés du front où la joie est peinte, et l'on découvre au-dessus de sa tête l'astre de son père. »

(1) Liv. VIII, v. 675.
(2) Liv. VIII, v. 678.
(3) Liv. VIII, v. 680 et suiv.

Pendant qu'on célébrait les jeux funèbres de Jules César, il parut une comète ; on la prit pour l'âme de ce grand homme qui avait été reçue dans le ciel. Virgile feint que Vulcain avait représenté cette étoile sur la tête d'Auguste comme un présage de sa victoire.

> Parte alia, ventis et Dis Agrippa secundis,
> Arduus, agmen agens ; cui, belli insigne superbum,
> Tempora navali fulgent rostrata corona (1).

« Plus loin le brave Agrippa, secondé par les vents et par les dieux, commande l'aile gauche : une couronne rostrale qui brille sur sa tête, est le prix éclatant de sa valeur dans les combats. »

Agrippa fut un soldat de fortune à la valeur duquel Auguste dut une grande partie de ses victoires : pour récompenser ses services, il lui fit épouser sa fille unique, veuve de Marcellus.

Au lieu de m'arrêter à faire toutes les petites remarques qu'on peut faire sur cet endroit, j'aime mieux vous rapporter l'imitation qu'en a faite M. Racine dans son poème *de la Religion :*

> Dans ses hardis vaisseaux une Reine ose encore
> Rassembler follement les peuples de l'Aurore :
> Elle fuit, l'insensée ! avec elle tout fuit,
> Et son indigne amant honteusement la suit.
> Jusqu'à Rome bientôt, par Auguste entraînées,
> Toutes les nations à son char enchaînées,
> L'Arabe, le Gelon, le brûlant Africain,
> Et l'habitant glacé du nord le plus lointain
> Vont orner du vainqueur la marche triomphante.
> Le Parthe s'en alarme, et d'une main tremblante
> Rapporte les drapeaux à Crassus arrachés :
> Dans leurs Alpes en vain les Rhètes sont cachés ;
> La foudre les atteint, tout subit l'esclavage.
> L'Araxe, mugissant sous un pont qui l'outrage,
> De son antique orgueil reçoit le châtiment,
> Et l'Euphrate vaincu coule plus lentement.

____

(1) Liv. VIII, v. 682 et suiv,

Paisible souverain des mers et de la terre,
Auguste ferme enfin le temple de la guerre.
Il est fermé ce temple où, par cent nœuds d'airain,
La Discorde attachée, et déplorant en vain
Tant de complots détruits, tant de fureurs trompées,
Frémit sur un amas de lances et d'épées (1).

DEMANDE.

On doit vous savoir gré, Monsieur, d'avoir enrichi votre mémoire de ces vers qui feraient souhaiter que l'auteur nous eût donné une traduction entière de l'*Enéide*. Je vous prie de passer au neuvième livre, et de rendre en notre langue le bel épisode de Nisus qui passe pour un modèle de narration, mais d'une narration vive, animée et ornée de toutes les grâces intéressantes.

RÉPONSE.

Il ne manque à cet événement que l'appareil de la scène pour en faire une tragédie. La crainte et la compassion, ces deux grands ressorts du théâtre, qui attendrissent l'âme et la remuent, et qui font tout le plaisir du tragique, sont ici mises en jeu avec un art merveilleux. Pour les exciter, le poète ne doit introduire sur la scène que des personnages dont le caractère puisse intéresser le spectateur, et c'est ce que fait Virgile. Voici le portrait qu'il fait de son héros :

Nisus erat portae custos, acerrimus armis,
Hyrtacides, comitem Æneæ, quem miserat Ida
Venatrix, jaculo celerem levibusque sagittis ;
Et juxta comes Euryalus, quo pulchrior alter
Non fuit Æneadum, Trojana neque induit arma,
Ora puer prima signans intonsa juventa (2).

« La garde d'une des portes du camp avait été confiée à Nisus, fils d'Hyrtacus. Ce brave guerrier, pour suivre Énée, avait quitté les forêts du mont Ida où il s'exerçait à la chasse.

(1) Louis Racine, *La Religion*, chant IV, v. 39.
(2) Liv. IX, v. 175 et suiv.

Egalement adroit à tirer de l'arc et à lancer un javelot, il avait près de lui son compagnon d'armes, le jeune Euryale, le plus beau des Troyens qui eussent jamais porté les armes, et qui était alors dans la première fleur de la jeunesse. »

His amor unus erat, pariterque in bella ruebant. (1)

« Ils s'aimaient tendrement l'un l'autre et ne se quittaient jamais dans les combats. »

Euryale surtout paraît être formé à devenir l'objet de la plus tendre compassion. Sa naissance, il est du sang royal, sa beauté, sa jeunesse, sa valeur, son attachement pour un ami vertueux, sa tendresse pour sa mère, son amour pour la gloire et pour la patrie, tout contribue à le rendre un personnage intéressant. Virgile les fait parler et agir conformément à leur caractère :

Nisus ait : Dine hunc ardorem mentibus addunt,
Euryale ? an sua cuique Deus fit dira cupido ? (2)

« Nisus dit à son ami : « Sont-ce les dieux, cher Euryale, qui m'inspirent l'ardeur qui m'enflamme, ou simplement l'effet d'un désir naturel et violent qui nous entrave, et qu'on prend pour une inspiration ? »

Aut pugnam, aut aliquid jamdudum invadere magnum
Mens agitat mihi, nec placida contenta quiete est (3).

« Las de cette inaction qui enchaîne ma valeur, dès longtemps je brûle de combattre ou de me signaler par une action éclatante. »

Cernis quae Rutulos habeat fiducia rerum ;
Lumina rara micant ; somno vinoque soluti
Procubuere ; silent late loca... (4)

« Vous voyez la sécurité des Rutules dans leur camp. Les feux sont presque éteints. Il y règne un profond silence. Ils sont ensevelis dans le vin et le sommeil. »

(1) Liv. IX, v. 181.
(2) Liv. IX, v. 183 et suiv.
(3) Liv. IX, v. 185 et suiv.
(4) Liv. IX, v. 187 et suiv.

.... Percipe porro
Quid dubitem, et quæ nunc animo sententia surgat (1).

« Apprenez donc quel est le projet que je médite ».

Æneam acciri omnes, populusque, patresque
Exposcunt, mittique viros qui certa reportent (2).

« Toute l'armée, chefs et soldats, souhaitent avec ardeur
qu'on aille chercher Enée, et qu'on dépêche vers lui quelqu'un
qui puisse nous en apporter des nouvelles certaines ».

Si tibi quae posco promittunt, nam mihi facti
Fama sat est, tumulo videor reperire sub illo
Posse viam ad muros et mœnia Pallantea (3).

« Si l'on veut m'accorder ce que je vais demander pour vous,
car je ne veux pour moi que la gloire de l'exécution, je crois
trouver le long de la colline une route qui me conduira jusqu'à
Pallantée. »

Obstupuit magno laudum perculsus amore
Euryalus ; simul his ardentem affatur amicum :
« Mene igitur socium summis adjungere rebus,
Nise, fugis ? solum te in tanta pericula mittam ? (4)

« Euryale, non moins avide de gloire que Nisus, frappé de la
grandeur du projet, et voyant son ami plein d'ardeur pour
l'exécuter, lui répond : « Quoi, mon cher Nisus, vous dédaigne-
riez de m'associer à une glorieuse entreprise ? Vous laisserai-je
seul courir un si grand péril ? »

Non ita me genitor, bellis assuetus, Opheltes,
Argolicum terrorem inter Trojæque labores
Sublatum erudiit, nec tecum talia gessi,
Magnanimum Ænean et fata extrema secutus (5).

« Non, ce ne sont pas les leçons que m'a données le grand

(1) Liv. IX, v. 189 et suiv.
(2) Liv. IX, v. 191 et suiv.
(3) Liv. IX, v 194 et suiv.
(4) Liv. IX, v. 196 et suiv.
(5) Liv. IX, v. 200 et suiv.

Opheltès, mon père, pendant le siège de Troye ; il formait mon enfance aux combats et aux dangers de la guerre : depuis que je porte les armes à la suite d'Enée, m'avez-vous vu me comporter de façon à vous faire soupçonner ma valeur ? »

> Est hic, est animus lucis contemptor, et istum
> Qui vita bene credat emi, quo tendis, honorem (3).

« Ce cœur, cher Nisus, ce cœur brave la mort et achèterait volontiers au prix de son sang cette gloire où vous courez. »

DEMANDE.

Un jeune homme né au milieu des alarmes, formé par un habile maître, et à qui les combats ont été comme les jeux de l'enfance, n'aime point qu'on doute de son courage. Nisus pouvait-il lui faire un plus sanglant outrage ?

RÉPONSE.

Nisus n'avait garde de former des soupçons si injurieux à la gloire de son ami :

> Nisus ad hæc : « Equidem de te nil tale verebar,
> Nec fas ; non ; ita me referat tibi magnus ovantem
> Jupiter, aut quicumque oculis hæc aspicit æquis (1).

« Non, répondit Nisus, non, je n'ai jamais soupçonné votre valeur. Je ne le dois, ni ne le puis. Puisse le grand Jupiter et tous les Dieux qui s'intéressent à nos succès, me ramener triomphant et me rendre à votre tendresse. »

> Sed, si quis (quæ multa vides discrimine tali),
> Si quis in adversum rapiat casusve Deusve,
> Te superesse velim : tua vita dignior ætas (2).

« Mais si, ce n'est que trop à craindre dans une entreprise si hasardeuse, quelque accident funeste ou quelque divinité ennemie me faisait périr, je veux que vous me surviviez ; votre jeunesse rend vos jours plus précieux que les miens. »

(3) Liv. IX, v. 204 et suiv.
(1) Liv. IX, v. 206 et suiv.
(2) Liv. IX, v. 209 et suiv.

> Sit qui me raptum pugna, pretiove redemptum,
> Mandet humo solita ; aut, si qua id fortuna vetabit,
> Absenti ferat inferias, decoretque sepulcro (1).

« Vivez pour arracher mon corps à l'ennemi ou pour le racheter, et lui donner la sépulture, ou si la fortune s'y oppose, pour offrir du moins à mes mânes des dons funèbres, et leur dresser un vain tombeau. »

> Neu matri miserae tanti sim causa doloris,
> Quæ te sola, puer, multis e matribus ausa,
> Prosequitur, magni nec mœnia curat Acestæ (2).

« Que je ne sois pas pour une mère désolée la cause d'une douleur mortelle : de tant de mères elle seule, vous le savez, bravant tous les dangers, a osé vous suivre jusqu'en ces lieux, et a refusé de s'établir dans le royaume d'Aceste ».

> Ille autem : « Causas nequicquam nectis inanes,
> Nec mea jam mutata loco sententia cedit ;
> Acceleremus, ait... (3)

« Vous m'opposez en vain de frivoles motifs, répondit Euryale, ils ne peuvent ébranler la résolution que j'ai prise ; partons, bravons la mort dans le sein de la gloire. »

Remarquez bien, Monsieur, comme la narration est ici agissante. Le poète disparaît : on ne voit plus que les héros, tant tout est vif et animé. On s'imagine les voir sur la scène agir et parler. Ici la scène change et vous représente un camp : au milieu les chefs de l'armée debout, appuyés sur de longues javelines, et tenant de l'autre leur bouclier, tiennent conseil où Nisus et Euryale sont introduits. Le premier prend ainsi la parole :

> Audite o mentibus æquis,
> Æneadæ, neve hæc nostris spectentur ab annis,
> Quæ ferimus.... (4)

(1) Liv. IX, v. 212 et suiv.
(2) Liv. IX, v. 215 et suiv.
(3) Liv. IX, v. 218 et suiv.
(4) Liv. IX, v. 233 et suiv.

« Ecoutez-nous favorablement, seigneurs, et ne jugez pas par nos années du projet que nous allons vous proposer. »

Rutuli somno vinoque sepulti
Conticuere : locum insidiis conspeximus ipsi,
Qui patet in bivio portæ quæ proxima ponto.
Interrupti ignes, aterque ad sidera fumus
Erigitur.... (1)

« On n'entend plus aucun bruit dans le camp des Rutules ; tous sont ensevelis dans le vin et plongés dans le sommeil : au-delà des deux routes qui aboutissent à la porte la plus voisine du fleuve, nous avons observé un endroit où nous pouvons les surprendre, et leur dérober notre marche à la faveur d'une fumée épaisse qui s'élève des feux presqu'éteints par tout le camp. »

.... Si fortuna permittitur uti,
Quæsitum Ænean ad mœnia Pallantea,
Mox hic cum spoliis, ingenti cæde peracta,
Affore cernetis (2)..............

« Si vous nous permettez de profiter de l'occasion que la fortune nous présente, nous irons trouver le roi à Pallantée, et bientôt vous le reverrez ici couvert du sang des ennemis et chargé de leurs dépouilles ».

.... Nec nos via fallit euntes ;
Vidimus obscuris primam sub vallibus urbem
Venatu assiduo, et totum cognovimus amnem (3).

« Nous ne craignons pas de nous égarer : en chassant nous avons aperçu de loin la ville d'Evandre au fond d'une sombre vallée et tout le cours du fleuve nous est parfaitement connu ».

C'est une adresse de faire contraster ses personnages. Vis à vis un jeune guerrier paraît un vieillard respectable par son âge qui a blanchi sous le casque, d'une prudence consommée,

(1) Liv. IX, v. 235 et suiv.
(2) Liv. IX, v. 239 et suiv.
(3) Liv. IX, v. 242 et suiv.

et qui, persuadé que les bons conseils viennent d'en haut et
que c'est le ciel qui donne le vrai courage, s'écrie :

> Di patrii, quorum semper sub numine Troja est,
> Non tamen omnino Teucros delere paratis,
> Cum tales animos juvenum et tam certa tulistis
> Pectora ! (1)

« Dieux de la patrie ! Dieux protecteurs de Troie ! Non, vous
n'avez pas sans doute résolu son entière destruction, puisque
vous inspirez aux jeunes guerriers des sentiments si nobles et
un courage si intrépide. »

> ...... Sic memorans, humeros dextrasque tenebat
> Amborum, et vultum lacrymis atque ora rigabat (2).

« A ces mots il les embrasse l'un après l'autre, leur serre les
mains et les arrose de ses larmes. »

> Quæ vobis, quæ digna, viri, pro talibus ausis
> Præmia posse rear solvi ? pulcherrima primum
> Di moresque dabunt vestri ; tum cœtera reddet
> Actutum pius Æneas, atque integer ævi
> Ascanius, meriti tanti non immemor unquam (3).

« Comment payer dignement, disait-il, un si grand service ?
Les Dieux, votre propre vertu seront pour vous la première et
la plus belle récompense : comptez ensuite sur les bienfaits du
roi, et soyez assuré que le jeune Ascagne qui connaît tout le
prix d'un tel service, n'en perdra jamais la mémoire. »

DEMANDE.

Le jeune Ascagne ne démentira pas le sage Alethès. Je trouve
même qu'il donne dans l'excès, et je vois qu'il donne d'avance
à Nisus la brillante armure de Turnus, son cheval, son bouclier,
et son casque ombragé d'un panache : on doit abattre l'ours
avant de partager sa peau ; puisqu'il s'agit ici de tragédie,
Virgile peint-il son héros assez parfait ?

(1) Liv. IX, v. 245 et suiv.
(2) Liv. IX, v. 249 et suiv.
(3) Liv. IX, v. 251 et suiv.

Réponse.

« Il n'est pas à propos, dit Aristote, de donner à ses personnages des caractères si parfaits que leur misère inspirât au spectateur de l'indignation lorsqu'ils les verraient tombés ou prêts à tomber dans le malheur. Il ne faut pas aussi les rendre si vicieux que leur état ne fasse plus de pitié, par l'horreur que l'on concevrait de leur personne. »

C'est sur ce principe que Boileau nous dit :

> Des héros de romans fuyez la petitesse,
> Toutefois aux grands cœurs donnez quelque faiblesse :
> Achille déplairait moins bouillant et moins prompt.
> J'aime à lui voir verser des pleurs pour un affront.
> A ces petits défauts marqués dans sa peinture,
> L'esprit avec plaisir reconnaît la nature (1).

La jeunesse sans expérience va toujours à l'extrême. Ascagne est généreux, mais son âge ne lui permet pas de donner des bornes à sa libéralité. Un royaume entier ne lui paraît pas une récompense proportionnée au service qu'il croit devoir récompenser. De même Euryale est vaillant, intrépide, mais il est imprudent, il charge sa tête d'un casque qui le fait remarquer et de dépouilles qui retardent sa course. Ces défauts sont bien pardonnables à leur âge, et font que la pitié qu'on sent pour eux, n'est mêlée d'aucun autre sentiment qui la partage. Qui ne serait attendri aux discours qu'ils tiennent l'un l'autre :

> ... Te vero, mea quem spatiis propioribus ætas
> Insequitur, venerande puer, jam pectore toto
> Accipio, et comitem casus complector in omnes (2).

« Pour vous, Euryale, dont la vertueuse jeunesse est respectable, vous dont l'âge est plus assorti au mien, vous avez dès ce moment toute ma tendresse ; je vous adopte pour le compagnon de mes travaux. »

____

(1) Boileau, *Art poétique*, ch. III, v. 103.
(2) Liv. IX, v. 274 et suiv.

Nulla meis sine te quæretur gloria rebus ;
Seu pacem, seu bella geram, tibi maxima rerum
Verborumque fides (1)................

« Je veux que dans la route de la gloire vous marchiez toujours à mes côtés et, soit dans la paix, soit dans la guerre, vous serez le confident de mes desseins et le dépositaire de mes secrets. »

.... Contra quem talia fatur
Euryalus : « Me nulla dies tam fortibus ausis
Dissimilem arguerit ; tantum fortuna secunda,
Haud adversa cadat ! » (2)................

« Prince, répondit Euryale, on ne me verra jamais démentir la gloire d'une si grande entreprise ! Puisse la fortune seconder mon courage et ne permettre pas que j'y succombe. »

.... Sed te super omnia dona
Unum oro (3)................

« Mais à toutes les grâces que vous m'offrez, daignez en ajouter une autre. »

.... Genitrix Priami de gente vetusta
Est mihi, quam miseram tenuit non Ilia tellus
Mecum excedentem, non mœnia regis Acestae (4).

« J'ai une mère issue de l'ancienne race de Priam ; ni les rivages de Troie, ni la ville du roi Aceste n'ont pu la retenir, ni l'empêcher de me suivre. »

Hanc ego nunc ignaram hujus quodcumque pericli est,
Inque salutatam linquo : nox et tua testis
Dextera, quod nequeam lacrymas perferre parentis (5).

« Je lui cache le péril où je vais m'exposer et je pars sans l'embrasser ; j'en jure par cette nuit, et par vous-même, Sei-

(1) Liv. IX, v. 277 et suiv.
(2) Liv. IX, v. 279 et suiv.
(3) Liv. IX, v. 282 et suiv.
(4) Liv. IX, v. 283 et suiv.
(5) Liv. IX, v. 286 et suiv.

gneur, c'est qu'il me serait impossible de soutenir les larmes d'une mère. »

> At tu, oro, solare inopem, et succurre relictae :
> Hanc sine me spem ferre tui : audentior ibo
> In casus omnes (1)................

« Accordez-moi la grâce de la consoler dans ce cruel abandon, de la secourir, si elle me perd ; souffrez que j'emporte avec moi cette espérance ; elle affermira mon courage contre tous les dangers. »

DEMANDE.

Quelle émotion ne devait pas causer dans des cœurs si généreux un discours si tendre ; cette image d'une tendresse filiale, si belle et si rare, devait surtout faire une vive impression sur le jeune Iule qui avait pour Enée un amour si sincère.

RÉPONSE.

Ce prince, fondant en larmes, lui dit : « Je m'engage à faire tout ce que mérite votre généreuse entreprise. Votre mère sera la mienne, et il ne lui manquera que le nom de Créuse. Quelle reconnaissance ne lui devons-nous pas d'avoir mis au monde un tel fils ! Quelle que soit l'issue de votre entreprise, j'en jure par moi-même, c'est le serment dont mon père a coutume de se servir, tout ce que je vous promets à votre retour et après le succès, je le promets à votre mère et à tous ceux de votre sang. »

Otez les liaisons : vous voyez que tout marche et se suit, et que les événements sont préparés et conduits à la manière du drame le plus régulier. Le poète s'est attaché à faire connaître parfaitement ses héros, et à exposer le sujet de l'entreprise fort intéressante pour toute la nouvelle colonie. Voilà ce qu'Aristote appelle le commencement du poème ou la *protase*, le nœud vient ensuite, il est accompagné de péripéties, c'est-à-dire de changements dans la situation des héros.

D'abord nos deux guerriers pleins d'une ardeur martiale franchissent le fossé à la faveur des ténèbres : ils entrent dans

____
(1) Liv. IX, v. 289 et suiv.

le camp ennemi où ils font un horrible carnage. Nisus est dans le camp des Rutules, tel qu'un lion pressé par une faim dévorante, lorsqu'il porte la désolation dans une bergerie : il s'élance sur de faibles agneaux que la crainte rend muets ; il les déchire, il les dévore et se baigne en frémissant dans leur sang. Euryale ne fait pas un moindre carnage ; il se laisse également emporter à son ardeur, et mille victimes tombent sous ses coups. Rien de plus heureux que ce commencement : ils s'étaient frayé un passage et, déjà vainqueurs, ils sortaient, lorsque Volscens survient avec une troupe d'ennemis, découvre nos deux guerriers, et se met en devoir de les arrêter, autre péripétie qui change le bien en mal et la joie du spectateur en crainte. Il tremble qu'ils ne soient surpris et arrêtés. Mais l'appréhension de voir périr ces deux illustres amis est suspendue par l'espérance de les voir échapper, quand on les voit s'enfoncer dans une sombre forêt qui pourra dérober leur fuite à l'ennemi. C'est où finit la seconde partie du drame, que les maîtres de l'art appellent *epitase*. Ensuite vient la catastrophe et le dénouement. Le spectateur est attendri en voyant le barbare Volscens, transporté de fureur, enfoncer son épée dans le sein d'Euryale : il tombe mourant ; son corps d'une blancheur éclatante est inondé de sang, et sa tête languissante se penche sur son épaule : ainsi se fane et meurt une fleur nouvelle coupée par le tranchant de la charrue, ainsi des pavots battus par l'orage courbent leurs têtes appesanties par la pluie.

> Volvitur Euryalus leto, pulchrosque per artus
> It cruor, inque humeros cervix collapsa recumbit :
> Purpurens veluti cum flos succisus aratro
> Languescit moriens, lassove papavera collo
> Demisere caput, pluvia cum forte gravantur [1].

« Nisus, à l'instant, s'élance au milieu de l'escadron ennemi ; il cherche Volscens, il n'en veut qu'à lui, on l'environne, on l'écarte, on s'oppose à sa fureur, rien ne l'arrête, il le joint ; il le frappe, percé lui-même de mille coups ; il tombe sur le corps

_____

[1] Liv. IX, v. 432 et suiv.

sanglant de son ami, et content de l'avoir vengé, il expire sans regret. »

DEMANDE.

Je conçois qu'un grand poète pourrait faire usage de ce beau morceau et en enrichir la scène : vous le regardez comme un sujet de tragédie susceptible de ces grands traits qui produisent un si bel effet sur le théâtre : ne pourrions-nous pas l'envisager comme épisode ? Savez-vous ce qu'on appelle épisode ? et quelles qualités il doit avoir ?

RÉPONSE.

Il me semble qu'aujourd'hui on s'accorde à regarder comme épisode une action surajoutée et insérée comme de surcroît au corps du poème qui pourrait absolument s'en passer. Elle ne doit y entrer ni comme nœud, ni comme dénouement. Cependant elle y est jointe assez naturellement pour ne pas faire dire que c'est un lambeau qu'on y a cousu contre toute nécessité.

DEMANDE.

Il me paraît que vous vous êtes formé une idée assez juste de l'épisode. Voyons ce qu'on doit observer pour le rendre parfait, et quelles qualités il doit avoir.

RÉPONSE.

Les principales sont premièrement que l'épisode soit une action ; par là on le distingue des descriptions brillantes et des comparaisons que le poète insère dans son poème pour l'orner et l'embellir. C'est un poème en petit qui a son commencement, son milieu, sa fin ; 2° l'épisode doit naître du fond même du sujet ; par là sont exclus ces événements qui, quelque brillants et quelque bien imaginés qu'ils soient, tels que sont ceux qu'emploient la plupart de nos romanciers, font trop de diversion dans l'esprit et détournent trop son attention du fil de la narration.

La troisième et la plus essentielle qualité qu'il doit avoir, c'est qu'il soit agréable et amusant ; comme dans l'épopée les épisodes tiennent lieu de la musique qui partageait les actes du poème dramatique, et que ce sont des repos et des délassements qu'on accorde à l'esprit fatigué de suivre avec trop de contention le fil de la narration, on sent qu'ils doivent être pleins d'agrément.

DEMANDE.

Je présume que sans imprudence on peut exiger d'un rhétoricien aussi instruit que vous paraissez l'être, de faire l'application de ces principes à l'épisode en question.

RÉPONSE.

Il faut vous satisfaire ; on ne peut pas dire que l'aventure de Nisus et d'Euryale soit du corps de la fable, puisqu'elle ne met ni obstacle, ni retardement à l'action principale qui s'achemine vers sa fin. Elle n'en précipite pas non plus l'événement : leur mort ne contribue en rien à la fondation de la colonie. C'est une action accessoire insérée à titre d'ornement, mais qui fait un tout en petit. Cet épisode est amené naturellement et lié d'une manière vraisemblable au corps de la fable par l'intérêt que la colonie doit prendre à l'entreprise de nos deux guerriers, et dont la réussite doit procurer aux Troyens un avantage singulier. Qu'elle fasse une diversion amusante, pour s'en convaincre, il ne faut que la lire, et l'on sent que le cœur est agréablement ému, et qu'il s'intéresse au sort de nos guerriers. Je pourrais ajouter une autre qualité qu'il serait à souhaiter de trouver dans tous les épisodes, c'est qu'il est instructif pour les mœurs.

DEMANDE.

Quelle instruction pensez-vous qu'on en puisse tirer ?

RÉPONSE.

Nisus et Euryale, victimes d'une valeur imprudente, sont une excellente leçon pour les jeunes officiers qui, lorsqu'ils sont chargés de l'ordre de leur général, doivent songer uniquement à l'exécuter, sans se laisser surprendre aux charmes du plaisir, ni éblouir de l'éclat d'une fausse gloire. D'ailleurs ils font le modèle de la vraie amitié qui n'est autre chose qu'une pareille union des cœurs formée par le mérite et par la vertu, et confirmée par la ressemblance des mœurs : car toute autre liaison n'est qu'une société mercenaire et indigne d'un nom si saint. Des sentiments égaux de valeur et d'affection pour la patrie n'ont fait qu'un cœur de ceux de Nisus et d'Euryale. Celui-ci ne peut voir son ami s'exposer au péril sans le partager avec lui, et celui-là inquiet sur le danger de son ami s'expose à la mort, et meurt en effet pour lui sauver la vie.

DEMANDE.

Mourir pour ses amis, ce n'est pas aujourd'hui de mode : c'était bon du temps des Thésée et des Pirithoüs, des Pylade et des Oreste.

RÉPONSE.

Les siècles passés peuvent envier au nôtre un exemple d'une pareille générosité.

Pendant le siège que les Espagnols firent de la Capelle (1) en 1650, ils détachèrent quelques troupes pour attaquer un ouvrage qui défendait la place. Jean Laurent, l'un des soldats de ce détachement, fut tué à cette attaque en signalant son courage. Francois de Solis, son intime ami, et porte-étendard dans un autre régiment, en est aussitôt averti : il court pour se rendre

(1) La Capelle-en-Thiérache, arrondissement de Vervins (Aisne). « Après la levée du siège de Guise, et tandis que les troupes de France étaient à Ribemont, l'armée d'Espagne, qui était restée à Estreu (= Étreux) jusqu'au 17 juillet [1650], alla attaquer la Capelle, qui se défendit treize jours par la valeur du commandant Roquépine et ne se rendit que le 3 août. Le père Houch, jésuite, loua beaucoup dans ses élégies latines deux Espagnols dont l'un fut tué d'un coup de mousquet et l'autre expira de douleur en embrassant le corps de son ami, lorsqu'il lui préparait des funérailles. Ils sont enterrés dans une chapelle de l'église paroissiale d'Avesnes avec une épitaphe qui rappelle cette aventure attendrissante : *Laurentii et Francisci mortale quod fuit hic conditur, immortale quod superest votis juva, viator, et mirare ; Laurentio dum funus amico pius parat Franciscus, en ipse cadit, ille globo, hic mœrore, ille regi, hic amico, uterque Deo ; nunc binos Belgica tellus tegit, vitam dedit Hispana, Capella mortem.* » (Nicolas Le Long, *Histoire ecclésiastique et civile du diocèse de Laon*, Châlons, Seneuze, 1783, p. 516).

au lieu de l'action ; ses camarades, persuadés qu'il court à une mort aussi inévitable qu'inutile, l'arrêtent et le retiennent ; il passe la nuit dans les horreurs où se trouve un homme qui vient de perdre ce qu'il a de plus cher au monde : le lendemain la place capitule. La joie que la capitulation répandit dans le camp, donna moyen à Solis de se dérober à ceux qui le gardaient. Il vole à l'endroit où était le corps de son ami, il le reconnaît, l'embrasse, l'arrose de ses larmes, et après lui avoir parlé longtemps comme s'il eût encore été en vie, il le transporte en un lieu qu'il destine à sa sépulture : mais pendant qu'il creuse un tombeau, les forces lui manquent, ses yeux et sa voix s'éteignent, et sa douleur plus forte que tous les secours qu'on s'empresse de lui donner, le fait expirer sur le corps de son ami.

La valeur de l'un, l'amitié de l'autre, ne manquèrent pas d'admirateurs. Au milieu d'une nation aussi intrépide dans les combats que fidèle dans ses affections, on leur éleva un monument commun où leurs cendres furent mêlées ; on l'orna d'une inscription qui réunit leur gloire pour éterniser le souvenir d'une si belle action. Les meilleurs poètes de ce temps-là prirent soin de la peindre avec les plus vives couleurs. Dans leur enthousiasme, ils n'ont point manqué de s'écrier comme fait ici Virgile :

Fortunati ambo, si quid mea carmina possunt,
Nulla dies unquam memori vos eximet aevo (1).

DEMANDE.

De pareilles actions méritent en effet qu'on en conserve le souvenir. Un poème épique où elles sont consacrées et décrites avec tant d'agrément, peut être regardé comme une école de sagesse et mérite bien d'être l'objet de votre étude. Continuez, Monsieur, de vous nourrir de la lecture d'un si bel ouvrage. C'est le meilleur emploi que vous puissiez faire de votre temps.

(1) Liv. IX, v. 446 et suiv.

Sur le cinquième livre de l'Iliade d'Homère [1]

DEMANDE.

Après nous avoir fait connaître le prince des orateurs romains,
je vous prierai, Monsieur, de nous parler du prince des poètes
grecs. Il y a peu d'auteurs dans l'antiquité profane dont l'étude
puisse être plus utile aux jeunes gens que celle d'Homère :
Alexandre le Grand regardait l'Iliade comme la production la
plus rare et la plus précieuse de l'esprit humain. Vous savez
qu'ayant trouvé parmi les dépouilles de Darius une cassette
d'or enrichie de pierreries, il la destina à renfermer les ouvrages
de ce poète, et qu'il la mettait toutes les nuits sous son chevet.
Le conquérant de l'Asie n'avait pas plus de plaisir à lire Homère
que vous en avez, et je sais que vous en faites vos délices. C'est
de quoi je ne puis trop vous féliciter. Rien n'est plus naturel
que le désir de savoir la vie et les aventures d'un homme qui
fait tant d'honneur à l'humanité par la sublimité et l'étendue
de son esprit. Qu'avez-vous appris, Monsieur, touchant sa
personne ?

RÉPONSE.

Le plus célèbre de tous les hommes sera toujours le plus
ignoré. Autant ses ouvrages sont connus, autant est-on dans
l'ignorance de sa personne. « Tout ce qu'on sait de vrai, c'est
que longtemps après sa mort, on lui a érigé des statues et élevé
des temples. Sept villes puissantes se sont disputé l'honneur
de l'avoir vu naître, mais la commune opinion est que de son
vivant il mendiait dans ces sept villes, et que celui dont la

(1) *Compendium rhetoricum,* t. II, p. 227 (Bibliothèque de Vitry-le-François,
mscr. 78).

postérité a fait un dieu, a vécu méprisé et misérable, deux choses très compatibles. » [1] Le Camoens [2] et le Tasse ont eu cette ressemblance avec Homère. Il paraît qu'il naquit à Smyrne d'une naissance incertaine et qu'après avoir été maître d'école et voyagé beaucoup, il mourut dans l'île d'Io [3], l'une des Sporades, dans le temps qu'il allait à Athènes, environ 900 ans avant l'ère chrétienne, et 300 depuis la prise de Troie.

DEMANDE.

D'où vient que sept villes se sont disputé la gloire d'avoir donné le jour à un poète qui avait essuyé les injures de la fortune, et qui, à peine, avait eu un endroit pour se retirer ?

RÉPONSE.

C'est que les grands poètes et les habiles écrivains sont le plus grand ornement des villes où ils naissent, et la source la plus sûre pour elles d'une gloire immortelle. Les hommes de talent ne sont des sujets inutiles dans un état que quand le gouvernement n'est pas assez clairvoyant pour sentir tout l'avantage qu'on en peut retirer.

DEMANDE.

Si je regrette que le détail des aventures de cet illustre malheureux ne soit pas parvenu jusqu'à nous, c'est que par là nous aurions peut-être pu reconnaître quelles étaient les qualités de son âme, et c'est du côté du cœur que j'aime à envisager les grands hommes.

RÉPONSE.

Si les auteurs se peignent comme malgré eux dans leurs écrits, la droiture, la simplicité et l'élévation des sentiments qui règnent dans les ouvrages d'Homère, doivent nous donner une

---

(1) Les mots entre guillemets sont empruntés à l'*Essai sur la poésie épique* de Voltaire (*Œuvres complètes*, t. X, p. 389).
(2) Le manuscrit donne : *Le Çamoyens.*
(3) Il faut sans doute lire : *Chios.*

haute idée de sa grandeur d'âme : tout y respire la vertu et l'héroïsme. Il s'est piqué surtout de faire éclater sa reconnaissance : car l'on prétend que Mentor, Phémius et Mentès sont trois de ses amis, de qui il avait reçu quelques services, et dont il a voulu immortaliser les noms. On admire aussi sa modestie dont il a laissé l'exemple à tous les Poètes, mais dont ils approchent ordinairement aussi peu que de ses ouvrages.

DEMANDE.

Ce Poète était donc aussi aimable que spirituel. Considérons-le maintenant du côté de l'esprit.

RÉPONSE.

Un des plus sages critiques de l'antiquité trace son caractère en peu de mots. *Hunc nemo in magnis sublimitate, in parvis proprietate superavit. Idem laetus ac pressus, jucundus et gravis, tum copia, tum brevitate mirabilis.* « Il a réuni toutes les parties qui forment le grand poète, le sublime, le grave, le gracieux, le riant ; il est étendu, serré, grave et doux. Son expression est toujours propre, et il est également admirable par son abondance et par sa brièveté. » Peut-on faire un éloge plus magnifique et donner en peu de mots une idée plus juste de la sublimité du génie et de la variété merveilleuse du style de ce poète ? On reconnaît partout dans ses poésies un génie créateur, une imagination riche et brillante, un enthousiasme presque divin, une grande énergie, et ses vers sont aussi vrais, aussi naturels que la nature même.

DEMANDE.

C'est un usage immémorial parmi les traducteurs de relever l'excellence de l'auteur qu'ils traduisent. Ils prétendent justifier leur goût en prouvant la perfection de l'original qu'ils ont choisi. Les lecteurs auraient-ils aussi la même manie ? Croiriez-vous, Monsieur, qu'on doute qu'il y ait jamais eu un Homère ? Les poèmes que nous avons eus sur son nom n'étaient, à en croire certains critiques, que différentes pièces de plusieurs auteurs apportées toutes en Grèce par Lycurgue, et rédigées en un corps par Pisistrate, corrigées par Aristote et perfectionnées par Aristarque.

RÉPONSE.

Sans traiter cette opinion d'extravagance, j'avoue que je n'y trouve point de vraisemblance. Il ne faut que jeter les yeux sur l'*Iliade* pour voir que cet ouvrage est un. C'est partout les mêmes vues, la même manière de penser, le même style, le même génie, et, par conséquent, il n'y a qu'un seul homme qui ait pu en être l'auteur. Que ce soit Homère ou un autre, peu importe à qui ne veut pas disputer des mots (1).

DEMANDE.

Cet Homère dont vous venez de faire un si bel éloge, et de l'existence duquel on a douté, savez-vous, Monsieur, qu'on doute aussi de son mérite ?

RÉPONSE.

Il faut, Monsieur, que vous m'en assuriez pour que je le croie, et je ne l'aurais jamais deviné. Le gros des hommes à la longue ne se trompe point sur les ouvrages d'esprit, dit M. Despréaux. Il n'est plus question aujourd'hui de savoir si Homère, Platon, Cicéron, Virgile sont des hommes merveilleux. C'est une chose sans contestation, puisque vingt siècles en sont convenus, et après des suffrages si constants, il y aurait non seulement de la témérité, mais même de la folie à douter du mérite de ces écrivains.

---

(1) L'auteur de l'exercice s'est inspiré ici du *Discours sur Homère* que La Motte a mis en tête de sa traduction de l'*Iliade* (Paris, Dupuis, 1720, p. 2) : « Il n'y a point eu d'Homère selon quelques critiques. Les poèmes que nous avons sous son nom, n'étaient, à les en croire, que différentes pièces de plusieurs auteurs, apportées toutes en Grèce par Lycurgue, et rédigées en un corps par Pisistrate. Mais, sans traiter cette opinion d'extravagante, j'avoue que je n'y trouve point de vraisemblance. Je remarque partout dans l'*Iliade* les mêmes vues et la même manière de penser. Il ne m'en faut pas davantage pour me ranger du parti du grand nombre. L'*Iliade* est d'un seul auteur et, ce qui veut dire la même chose, il y a eu un Homère ».

DEMANDE.

Soit témérité, soit folie, ou tout ce qui vous plaira, on a douté et on doute encore ; « et dans le temps que les uns élèvent des autels au poète divin, d'autres cherchent à les abattre » (1). Peut-on lui pardonner la manière dont il parle des Dieux ? « Un célèbre rhéteur a pensé qu'il avait plu à Homère de faire autant de dieux de ces hommes qui allèrent au siège de Troie, et, en revanche, de ne faire de ses dieux que de simples hommes. L'Orateur philosophe a déclaré formellement qu'Homère aurait mieux fait d'élever l'homme jusqu'aux dieux que d'abaisser les dieux jusqu'à l'homme » (2). Si les plus éclairés d'entre les païens ont bien senti toute l'extravagance de ce système, que doivent en penser des modernes ? Et ce poète était-il excusable d'avoir représenté ses dieux avec toutes les faiblesses et tous les vices de l'humanité.

RÉPONSE.

« C'est reprocher à un peintre d'avoir donné à ses figures les habillements de son temps. Homère a peint les Dieux tels qu'on les croyait, et ce n'est pas un grand mérite de trouver de l'absurdité dans la poésie païenne » (3). « Homère, quelqu'esprit qu'on lui suppose, n'a pu éviter absolument la contagion des erreurs et de l'absurdité du paganisme » (4). « Cependant de cette nuit épaisse sortent quelquefois de vives étincelles de lumière, bien capables d'éclairer l'esprit, restes précieux de ces

(1) Emprunté à Lamotte, *Discours sur Homère (Iliade*, Paris, Grégoire Dupuis, 1720, p. 3).

(2) Expressions de Lamotte dans son *Discours sur Homère (Iliade*, p. 29). Rollin s'est souvenu de ce passage de Lamotte : « Homère aurait dû, comme le dit si bien Cicéron, donner aux hommes les perfections des dieux : *Humana ad deos transtulit, divina mallem ad nos* (Tusculanes, I, 67) » (Rollin, *De la manière d'enseigner et d'étudier les belles-lettres*, Paris, veuve Estienne, 1736, t. II, p. 481.) Fénelon, dans sa *Lettre à l'Académie*, avait déjà dit : « J'avoue que les anciens ont un grand désavantage par le défaut de leur religion et par la grossièreté de leur philosophie. »

(3) Les mots entre guillemets sont empruntés à Voltaire, *Essai sur la poésie épique (Œuvres complètes*, t. X, p. 390).

(4) Cette phrase est de Lamotte, *Discours sur Homère (Iliade*, p. 35.)

vérités primitives que l'auteur de la nature avait gravées dans le cœur de l'homme et qu'une tradition constante et universelle y a conservées, malgré la corruption générale » (1). « Ainsi, quelque mépris que méritent au fond les dieux de l'*Iliade*, Homère est louable d'avoir entrevu quelquefois le vrai ; comme quand il dit que d'un signe de tête Jupiter ébranle tout le ciel, et qu'il compare ailleurs la vitesse de la course de Junon à la rapidité de la pensée » (2). Quelles louanges, d'ailleurs, ne lui doit-on pas pour avoir orné sa religion par « des allégories justes et charmantes » (3).

DEMANDE.

Si les dieux d'Homère n'ont guères de majesté, on trouve aussi qu'il manque aux héros de l'*Iliade* une sorte de dignité. On est choqué de les voir mettre un gigot à la broche, allumer et souffler eux-mêmes le feu, et ces héros cuisiniers sont tous robustes et d'une force extrême, si l'on en croit le poète qui affecte de les louer par cet endroit (4).

RÉPONSE.

Il serait ridicule de reprocher ces prétendus défauts de bienséance à un poète qui ne pouvait pas peindre ce qui n'était pas encore, et ce qui serait peut-être à souhaiter qui ne fut jamais arrivé. Une simplicité vertueuse qu'on traite de grossièreté et d'ignorance est préférable au luxe qui s'est introduit dans la suite chez les grands et qui ne s'y entretient qu'aux dépens du peuple. Charles XII, roi de Suède, a fait six mois sa cuisine sans perdre rien de son héroïsme, et la plupart de nos généraux qui portent dans un camp tout le luxe d'une cour efféminée, auront bien de la peine à égaler ces héros qui faisaient

---

(1) Ces paroles sont empruntées à Rollin, *De la manière d'enseigner et d'étudier les belles-lettres* (Paris, veuve Estienne, 1736, t. I, p. 482).

(2) Cette phrase est de Lamotte, *Discours sur Homère (Iliade*, p. 35).

(3) Cette expression est de Voltaire, *Essai sur la poésie épique (Œuvres complètes*, t. X, p. 390).

(4) Cf. Fénelon, *Lettre à l'Académie*, X, *Sur les Anciens et sur les Modernes :* « Les héros d'Homère ne ressemblent point à d'honnêtes gens... »

leur cuisine eux-mêmes. Si Homère a tant loué la force de cos
héros, c'est qu'avant l'invention de la poudre, la force et l'a-
dresse du corps décidaient de tout dans les batailles. Les anciens
se faisaient une gloire d'être robustes. Leurs plaisirs étaient des
exercices violents. Ils ne passaient point leurs jours à se faire
traîner dans des chars à couvert des influences de l'air, pour
aller porter languissamment d'une maison à une autre leur
ennui et leur inutilité. En un mot Homère avait à représenter
un Ajax, un Hector, un Achille, non des courtisans, et cos
hommes ennemis payaient de leurs personnes dans la mêlée,
et faisaient des prodiges de valeur (1).

DEMANDE.

Après avoir rendu justice au fond du sujet, osons examiner
la manière dont il l'a traité, et juger du prix de son ouvrage.
Dites-moi, je vous prie, votre sentiment.

RÉPONSE.

La modestie, la retenue et la défiance de ses propres lumières
font toujours honneur, et doivent être le caractère propre de
ceux de mon âge. Ils peuvent exposer leurs doutes, proposer
leurs difficultés, et interroger modestement ceux que leur âge
et leur habileté mettent en état de leur en donner l'éclaircisse-
ment, mais il leur siérait mal de vouloir prononcer sur le mérite
des écrivains du premier ordre. On pardonne aisément à un
jeune homme épris des beautés de ses auteurs les louanges
excessives et outrées qu'il leur donne quelquefois dans une
espèce d'enivrement, causé par l'admiration qui le transporte ;
mais on le condamnerait avec raison de juger, de décider, de
prononcer d'un ton de maître, surtout en présence d'habiles
gens dont il lui conviendrait d'attendre la décision, au lieu de

___

(1) Tout ce développement est inspiré par Voltaire, *Essai sur le poème épique*
(*eodem libro*. p. 390-391). Cf. aussi Rollin, *De la manière d'étudier et d'enseigner les belles-lettres* (Paris, veuve Estienne, 1736, t. I, p. 399) : « On est
choqué dans Homère de voir les Princes préparer eux-mêmes leurs repas, Achille
faire chez lui les fonctions les plus serviles, les fils des plus grands rois garder
les troupeaux, les princesses aller elles-mêmes laver le linge à la rivière, et
puiser de l'eau à la fontaine ».

la prévenir. Les jeunes gens que le peu d'expérience et la crainte de se tromper doivent rendre timides s'ils sont sensés, garderont rigoureusement cette règle si sage que donne Quintilien : « Il ne faut prononcer, dit-il, qu'avec beaucoup de retenue et de circonspection sur ces auteurs dont le mérite est si bien établi, de crainte qu'il ne nous arrive comme à plusieurs, de blâmer ce que nous n'entendons pas ». Vous voudrez donc, Monsieur, me permettre de ne pas m'écarter de cette règle, et j'espère que vous ne condamnerez pas ma retenue.

DEMANDE.

Loin de la condamner, je l'approuve. La réputation d'Homère est encore un paradoxe, et je m'adressais à vous comme à un jeune homme spirituel pour vous prier de me l'expliquer. Je conçois les différentes sortes de plaisir que les ouvrages d'Homère ont dû faire : plaisir fondé sur la nouveauté, plaisir fondé sur les monuments historiques et sur le respect de l'antiquité, plaisir d'illusion et de prévention fondé sur l'autorité des suffrages ; tout cela n'est point la raison, et cependant c'est à elle seule qu'il appartient d'apprécier toutes choses (1).

RÉPONSE.

Je conçois que, pour juger sainement d'un ouvrage d'esprit, on ne doit pas écouter la prévention qui nous rend ou amants passionnés, ou critiques sévères. Les uns ne voient que ses beautés, les autres s'obstinent à ne voir aussi que ses défauts. Evitons cet excès, consultons la raison, mais convenons que, « pour juger des poètes, il ne suffit pas de raisonner, il faut encore savoir sentir. Il faut être né avec quelques étincelles du feu qui anime ceux qu'on veut connaître, comme pour décider sur la musique, ce n'est pas assez, ce n'est rien même de calculer en mathématicien la proportion des sons, il faut avoir de l'oreille et de l'âme ». (2)

(1) Imité de Lamotte, *Discours sur Homère (Iliade,* p. 130).
(2) Les mots que nous avons mis entre guillemets sont de Voltaire, *Essai sur la poésie épique (Œuvres complètes,* t. X, p. 396).

DEMANDE.

Je vois présentement quelle a été la source des différents jugements qu'on a portés sur les ouvrages d'Homère. Ceux qui avaient le feu du sentiment vif, ravis et comme transportés hors d'eux-mêmes, n'ont vu que ses beautés et ont fermé les yeux sur ses défauts : d'un autre côté les esprits flegmatiques n'ont aperçu que ses négligences, et frappés des fautes, ils ont montré un dédain philosophique pour les beautés dont l'ouvrage est semé. Ne pourrait-on pas porter ces messieurs les critiques à s'accommoder ?

RÉPONSE.

Prétendre réduire par l'autorité ou ramener par le raisonnement ceux qui ont pris leur parti, c'est ne pas connaître la constitution de l'empire littéraire, et ignorer les droits absolus et souverains du goût, lequel règne presque toujours, lors même qu'il est injuste.

DEMANDE.

Ces droits sont-ils donc si sacrés qu'on ne puisse sans profanation les attaquer, et n'y aurait-il pas entre ces deux extrémités un juste milieu qui serait de convenir que tout n'est pas achevé dans Homère, mais qu'il y a des beautés sans nombre. Ce tempérament vous conviendrait-il ?

RÉPONSE.

Je me range à votre avis, et je crois qu'il décide la question. Les écrivains excellents ne sont pas « souverainement parfaits, ni absolument exempts de tout défaut. Ce sont des grands hommes, mais enfin ils sont hommes, et par conséquent sujets à se tromper, et quelquefois à s'égarer. Il faut donc convenir de bonne foi, et les plus zélés défenseurs d'Homère l'ont souvent déclaré, qu'il se rencontre dans ce poète quelques endroits faibles, défectueux, traînants, quelques harangues trop longues, des descriptions quelquefois trop détaillées, des répétitions qui rebutent, des épithètes trop communes, des comparaisons qui

— 65 —

réviennent trop souvent, et ne paraissent pas toujours assez
nobles ; mais tous ces défauts sont couverts et comme étouffés
par une foule infinie de grâces et de beautés inimitables qui
frappent, qui enlèvent, qui ravissent, et dès lors ces défauts
n'autorisent pas à refuser à l'ouvrage l'estime qu'il mérite selon
cette règle si judicieuse d'Horace :

> Verum ubi plura nitent in carmine, non ego paucis
> Offendar maculis, quas aut incuria fudit,
> Aut humana parum cavit natura » (1).

J'aime la manière dont l'Aristarque romain accuse Homère ;
c'est un soupçon plutôt qu'une accusation, et il est fâché même
d'avoir ce soupçon :

> Indignor quandoque bonus dormitat Homerus. (2)

« Je sens du dépit si par hasard il arrive à Homère de som-
meiller. »

Cette timidité d'un critique si éclairé devrait rendre bien
retenus ces admirateurs de certains écrits modernes qui, « à la
honte des règles, sont conduits avec plus de régularité que
l'*Iliade*, où les événements sont mieux ménagés, préparés avec
plus d'artifice, arrangés avec mille fois plus d'industrie que
dans Homère. Cependant douze beaux vers de l'Iliade sont au-
dessus de la perfection de ces bagatelles autant qu'un gros
diamant, ouvrage brut de la matière, l'emporte sur des colifi-
chets de fer ou de laiton, quelque bien travaillés qu'ils puissent
être par des mains industrieuses. » (3) Le grand mérite d'Homère est d'avoir été un peintre sublime : « Alors, dit Longin, il
en est du sublime comme d'une richesse [immense] où l'on ne
peut pas prendre garde à tout de si près. Ceux qui ne s'étu-
dient qu'au grand, ne peuvent pas s'arrêter aux petites choses.
Tout ce qu'on gagne à ne point faire de faute, c'est qu'on ne

(1) Horace, *Art poétique*, v. 350. — Tout ce passage entre guillemets est
emprunté à Rollin, *De la manière d'étudier et d'enseigner les belles-lettres*,
Paris, veuve Estienne, 1736, t. I, p. 395-396.

(2) Horace, *Art poétique*, v. 359.

(3) Les phrases entre guillemets sont empruntées à l'*Essai sur le poème
épique* de Voltaire (*Œuvres complètes*, t. X, p. 395).

peut être repris. Mais le grand se fait admirer. Que vous dirai-je enfin ? Un seul de ces beaux traits, une seule de ces pensées sublimes qui sont dans ces excellents auteurs, peut payer tous leurs défauts. » (1). Il s'agit de savoir en quoi consiste ce merveilleux qui les a fait admirer de tant de siècles, et tâcher de le découvrir de tous les ouvrages de l'antiquité. Il n'y en a aucun où ce merveilleux domine autant que dans l'*Iliade* :

> On dirait que, pour plaire instruit par la nature,
> Homère ait à Vénus dérobé sa ceinture.
> Son livre est d'agréments un fertile trésor,
> Tout ce qu'il a touché, se convertit en or ;
> Tout reçoit dans ses mains une nouvelle grâce :
> Partout il divertit, et jamais il ne lasse ;
> Une heureuse chaleur anime ses discours,
> Il ne s'égare point en de trop longs détours :
> Sans garder dans ses vers un ordre méthodique,
> Son sujet de soi-même et s'arrange et s'explique.
> Tout, sans faire d'apprêts, s'y prépare aisément.
> Chaque vers, chaque mot court à l'événement ;
> Aimez donc ses écrits, mais d'un amour sincère :
> C'est avoir profité que de savoir s'y plaire. (2)

DEMANDE.

Cet amour sincère semble vous embraser et, si c'est profiter que de se plaire à la lecture d'Homère, on peut d'avance vous féliciter sur vos progrès. Nous en allons juger, et je vous prie de nous donner une idée générale de son ouvrage.

RÉPONSE.

Le sujet de l'Iliade est Achille vengé. Les Grecs assiégeaient Troie. Une querelle s'étant élevée entre Agamemnon et Achille, celui-ci refuse de combattre. Comme il était le plus ferme appui de l'armée, les Grecs sont battus jusqu'à ce que ce héros

(1) Longin, *Traité du sublime ou du merveilleux dans le discours,* traduit du grec de Longin, par M. Boileau-Despréaux, chap. XXVII.
(2) Boileau, *Art poétique,* chant III, v. 295.

offensé, ramené par un événement qui le touchait lui-même, fit changer le sort des armes, et ramena la victoire dans son parti. Un fond, si simple et si stérile en apparence, devient fécond entre les mains d'Homère, et sa brillante imagination lui a fourni la matière de vingt-quatre livres.

DEMANDE.

Passons à présent de la connaissance de sa personne à celle de ses ouvrages, et, puisque vous avez fait une lecture plus réfléchie du cinquième livre de l'Iliade, rendez en compte à la compagnie, et faites-nous en d'abord l'analyse.

RÉPONSE.

Homère qui avait entrepris de décrire des combats, ayant fait disparaître Achille de dessus la scène, y introduit Diomède dont la valeur est plus fougueuse et plus téméraire, puisque, peu content d'avoir fait mordre la poussière à un grand nombre de braves Troyens, il s'adresse aux Dieux mêmes, blesse Vénus à la main lorsqu'elle voulait blesser son fils Enée. Mars qui avait pris la figure d'un mortel pour secourir les Troyens, est blessé lui-même par Diomède qui ne se retire du combat que quand Minerve qui l'avait jusqu'alors protégé, l'avertit que cet exploit suffit à sa gloire. Homère, pour préparer le spectateur aux grandes actions dont il va être le témoin, commence par donner une haute idée de son héros, et débute ainsi :

Ἔνθ'αὖ Τυδεΐδη Διομήδεϊ Παλλὰς Ἀθήνη
δῶκε μένος καὶ θάρσος, ἵν'ἔκδηλος μετά πᾶσιν
Ἀργείοισι γένοιτο ἰδὲ κλέος ἐσθλὸν ἄροιτο. (¹)

« Dans cette journée, Minerve, voulant faire éclater la valeur de Diomède, pour le distinguer de tous les Grecs, et pour lui faire remporter une gloire immortelle, augmenta encore sa force et son intrépidité. »

____

(1) Liv. V, v. 1 et suiv.

Δαῖέ οἱ ἐκ κόρυθός τε καὶ ἀσπίδος ἀκάματον πῦρ
ἀστέρ᾽ ὀπωρινῷ ἐναλίγκιον, ὅςτε μάλιστα
λαμπρὸν παμφαίνῃσι λελουμένος Ὠκεανοῖο. (¹)

« De son casque et de son bouclier sortait continuellement un feu semblable au feu de la brillante étoile qui se lève à la fin de l'été, et qui jette une lumière plus étincelante et plus vive après s'être baignée dans l'Océan. »

τοῖόν οἱ πῦρ δαῖεν ἀπὸ κρατός τε καὶ ὤμων, (²)

« tel était l'éclat dont Diomède était environné, et tel le feu que jetaient ses armes. »

ὦρσε δέ μιν κατὰ μέσσον, ὅθι πλεῖστοι κλονέοντο. (³)

« La déesse le poussa au milieu de la mêlée où l'on se battait avec plus d'acharnement. »

DEMANDE.

Je sais qu'autrefois Zoïle a fait une très mauvaise critique de cet endroit d'Homère, mais, bien loin d'imiter ce ridicule censeur, j'admire au contraire la brillante imagination d'Homère qui, pour nous donner un présage de la gloire dont son héros va se couvrir, nous le représente tout rayonnant de feu, et nous fait entendre que sa valeur va être aussi funeste aux Troyens que la canicule l'est ordinairement aux hommes : mais souffrez que je vous demande pourquoi notre poète suppose que Minerve seconde la valeur de Diomède.

RÉPONSE.

Il n'y a rien de grand que la valeur irritée par les reproches ne puisse exécuter. Diomède piqué au vif de ce qu'Agamemnon l'a taxé de peu de courage, se surpasse lui-même et fait des exploits inouïs. Si Minerve lui accorde son assistance, c'est que

(1) V. 4 et suiv.
(2) V. 7.
(3) V. 8.

cette déesse de la sagesse ne refuse pas son secours à ceux qui ne cherchent à se venger des reproches injurieux qu'on leur a faits que par des actions éclatantes qui en fassent voir la fausseté.

DEMANDE.

La raison est fort plausible ; mais aller affronter mille morts pour dissiper un reproche, cela me paraît fort hasardeux. Diomède avait un moyen plus simple et plus court : il n'avait qu'à passer son épée au travers du corps d'Agamemnon.

RÉPONSE.

Si les Grecs et les Romains tiraient l'épée, c'était toujours contre les ennemis de l'Etat, et jamais contre leurs concitoyens. Cette barbare coutume de s'entr'égorger quelquefois pour une seule parole échappée par hasard, et de laver dans le sang de ses meilleurs amis une prétendue injure, cette barbare coutume, dis-je, qu'il vous plaît d'appeler noblesse, grandeur d'âme, était inconnue à ces fameux conquérants qui étaient certainement de bons juges du point d'honneur. « Les Romains, dit Salluste, réservaient leur haine et leur ressentiment pour les ennemis, et ne savaient disputer que de gloire et de vertu avec leurs concitoyens. » *Jurgia, discordias, simultates, cum hostibus exercebant : cives cum civibus de virtute pugnabant.* (1)

DEMANDE.

Vieux préjugés ! Quelle misère de penser ainsi à l'antique ! Je me souviens d'avoir connu un officier qui, dans la chaleur d'une dispute, reçut un soufflet d'un autre. Ils voulaient s'égorger. Quelques amis communs les séparèrent ; mais celui qui avait reçu le soufflet, mit une large emplâtre sur sa joue dont il coupait un petit morceau toutes les fois qu'il se battait en duel contre celui qui l'avait offensé. Peu content d'être venu cinq fois aux mains, il appela son rival à un combat singulier pour la sixième fois. Comme il voulait ôter la vie à son ennemi et qu'il ne se ménageait point, il eut le malheur d'y périr. Voilà

---

(1) Salluste, *De conjuratione Catilinae,* c. IX.

comme on doit en agir entre braves : ce n'est que dans le sang qu'on brave un tel affront.

RÉPONSE.

Je ne sais, Monsieur, si dans cette action il n'y aurait pas au moins autant de férocité que de bravoure. Je conçois qu'un homme qui se sent outragé, peut n'être pas maître d'un premier mouvement : mais de sang-froid, et lorsque la colère a eu tout le temps de s'évaporer, après qu'on s'est mis en devoir de lui faire satisfaction, poursuivre une vengeance à toute outrance, et nourrir des années entières ses ressentiments, il me semble qu'il y a plus de brutalité que de grandeur d'âme. Assurément cet officier n'avait pas lu la manière dont Themistocle s'était comporté dans une occasion toute pareille. Eurybiade, Lacédémonien, généralissime de la flotte des Grecs, ne pouvant souffrir qu'un jeune officier soutint trop vivement un avis contraire au sien, leva la canne sur lui avec un geste menaçant et des paroles piquantes. Le général Athénien, sans se troubler, ni s'émouvoir : « Frappe, dit-il, mais écoute ». Πάταξον μὲν, ἄκουσον δὲ. Eurybiade, surpris d'une telle modération, écouta en effet et ayant, suivant l'avis du jeune Athénien, donné le combat dans le détroit de Salamine, il remporta cette célèbre victoire qui sauva la Grèce, et acquit à Themistocle une gloire éternelle.

DEMANDE.

Voilà un exemple d'une modération bien rare. Ce Thémistocle savait son Homère par cœur, et la prudence de Diomède avait fait sans doute impression sur son esprit. Nous avons laissé ce guerrier au fort de la mêlée. Voyons par quels exploits il se signale.

RÉPONSE.

Τυδείδην δ'οὐκ ἂν γνοίης ποτέροισι μετείη,
ἠὲ μετὰ Τρώεσσιν ὁμιλέοι ἢ μετ' Ἀχαιοῖς. (¹)

____

(1) V, 85 et suiv.

« Pendant tout le fort de la mélée, vous n'auriez su connaître quel parti suivait le vaillant Diomède, s'il était du côté des Troyens ou du côté des Grecs. »

> Θῦνε γὰρ ἄμ πεδίον, ποταμῷ πλήθοντι ἐοικὼς
> χειμάρρῳ, ὅςτ᾽ ὦκα ῥέων ἐκέδασσε γεφύρας·
> τὸν δ᾽ οὔτ᾽ ἄρ τε γέφυραι ἐεργμέναι ἰσχανόωσιν,
> οὔτ᾽ ἄρα ἕρκεα ἴσχει ἀλωάων ἐριθηλέων,
> ἐλθόντ᾽ ἐξαπίνης, ὅτ᾽ ἐπιβρίσῃ Διὸς ὄμβρος·
> πολλὰ δ᾽ ὑπ᾽ αὐτοῦ ἔργα κατήριπε κάλ᾽ αἰζηῶν. (¹)

« Il courait, furieux, de toutes parts : tel qu'un fleuve grossi par les pluies de l'hiver et qui, coulant avec violence, emporte ses ponts et ne trouve ni levées, ni digues qui l'arrêtent, point de clôtures assez fortes pour résister à l'impétuosité de ses vagues subites qu'il roule avec furie, dès que Jupiter courroucé contre les mortels a ouvert les cataractes des cieux, tous les travaux que les laboureurs opposent à sa rage, sont entraînés dans un instant. »

> Ὣς ὑπὸ Τυδείδῃ πυκιναὶ κλονέοντο φάλαγγες
> Τρώων, οὐδ᾽ ἄρα μιν μίμνον, πολέες περ ἐόντες. (²)

« Tel le courageux fils de Tydée rompt et renverse les forts bataillons des Troyens, les plus nombreux n'osent s'opposer aux efforts de son courage, tout plie devant lui. »

On peut remarquer ici d'après Longin quel effet produit cette apostrophe. Le poète, quittant tout à coup la narration, adresse la parole au lecteur, et par là il le réveille, le remue, le rend plus attentif à l'action qu'il décrit. Peut-on peindre plus vivement l'intrépidité d'un guerrier qui combat au milieu des ennemis, comme s'il était au milieu des siens, et qui les dissipe du feu de ses regards ? Il compare son héros à un torrent qui renverse tout.

____

(1) V. 87 et suiv.
(2) V. 93 et suiv.

DEMANDE.

Je ne vous demande pas si vous jugez cette comparaison juste et belle ; mais je voudrais savoir pourquoi les poètes en font un si fréquent usage.

RÉPONSE.

Les poètes les emploient ou pour donner une idée plus vive et plus distincte de l'objet qu'on représente par des similitudes exactes ou pour élever et réjouir l'esprit par des images nobles et agréables, ou seulement pour nourrir et varier la narration qui serait trop sèche et trop uniforme sans ce secours. C'est ici surtout que paraît la richesse et la fécondité d'Homère, et l'on dirait que la nature entière semble s'épuiser en sa faveur, pour embellir ses poèmes par une variété infinie d'images et de similitudes.

DEMANDE.

« Il y a des esprits sévèrement exacts qui ne sauraient goûter les comparaisons. Ils pensent qu'elles n'éclaircissent jamais rien, parce qu'elles sont toujours très imparfaites, et qu'il vaudrait bien mieux s'attacher à bien peindre l'objet dont on parle que d'avoir recours à des similitudes tronquées, qui ne servent qu'à confondre les choses.

RÉPONSE.

Cela est vrai, à parler philosophiquement ; mais, en matière de poésie, rien n'est plus faux. Les poètes ne doivent pas tant songer à donner des idées précises qu'à en donner de vives » et d'agréables. « Les comparaisons bien choisies font cet effet. L'imagination embrasse avec plaisir deux objets à la fois. Elle aime à augmenter elle-même les rapports imparfaits qu'elle y trouve, et elle ne chicane point, pourvu qu'on ne l'égare pas trop sensiblement » (1) et qu'on ne la fatigue point par une trop grande abondance. L'esprit veut être nourri, mais jamais rassasié.

(1) Emprunté à Lamotte, *Discours sur Homère (Iliade*, p. 90-91).

DEMANDE.

C'est-à-dire que les comparaisons sont un des beaux ornements de la poésie épique, mais que ces ornements doivent y
être dispensés avec sobriété. Je ne crois pas que les censeurs
d'Homère puissent blâmer celle qu'il emploie ici, mais ne se
trouvera-t-il personne dans l'armée troyenne pour arrêter ce
torrent impétueux ?

Est-ce un nouvel Achille aux yeux même d'Hector ?

RÉPONSE.

L'illustre fils de Lycaon, le brave Pandarus, voyant l'audace
avec laquelle Diomède courait par tout le champ de bataille,
chassant devant lui, et mettant en désordre les bandes troyen-
nes, tend son arc, et décoche une flèche à ce héros dont la
cuirasse est aussitôt rougie de son sang. Ce que Pandarus ayant
remarqué, il s'écrie :

« Ὄρνυσθε, Τρῶες μεγάθυμοι, κέντορες ἵππων.

βέβληται γὰρ ἄριστος Ἀχαιῶν, οὐδέ ἕ φημι

δήθ' ἀνσχήσεσθαι κρατερὸν βέλος, εἰ ἐτεόν με

ὦρσεν ἄναξ, Διὸς υἱὸς, ἀπορνύμενον Λυκίηθεν. » (¹)

« Reprenez courage, braves Troyens, le plus vaillant des
Grecs est blessé, et je ne pense pas qu'il ait la force de résister
longtemps à la douleur que lui cause la blessure profonde que
lui a faite le trait dont il est atteint : s'il est vrai que le fils de
Jupiter, le grand Apollon, m'ait inspiré lui-même de quitter la
Lycie et de venir à ce siège. »

DEMANDE.

Pandarus a bien raison de se glorifier d'une action si hardie ;
c'était un grand service qu'il rendait aux Troyens de les délivrer d'un ennemi si dangereux.

RÉPONSE.

Il n'eut pas lieu de s'applaudir longtemps d'une semblable

(1) V. 102 et suiv.

victoire, et la joie des Troyens fut de courte durée. Le belliqueux fils de Tydée adresse ses prières à Pallas :

« Κλῦθί μευ, αἰγιόχοιο Διὸς τέκος, Ἀτρυτώνη,
εἴποτε μοι καὶ πατρὶ φίλα φρονέουσα παρέστης
δηΐῳ ἐν πολέμῳ, νῦν αὖτ' ἐμὲ φίλαι, Ἀθήνη·
δὸς δέ τέ μ' ἄνδρα ἐλεῖν καὶ ἐς ὁρμὴν ἔγχεος ἐλθεῖν,
ὅς μ' ἔβαλε φθάμενος καὶ ἐπεύχεται, οἱ δέ μέ φησιν
δηρὸν ἔτ' ὄψεσθαι λαμπρὸν φάος ἠελίοιο. » (¹)

« Invincible fille du grand Jupiter, si jamais vous nous avez été favorable à mon père et à moi dans les plus sanglants combats, protégez-moi encore aujourd'hui, grande Minerve, et faites-moi la grâce de joindre ce Lycien qui m'a blessé le premier, qui s'en glorifie et qui se flatte que je ne verrai pas longtemps la lumière du soleil. »

DEMANDE.

La plupart de nos guerriers jurent dans ces occasions : que n'ont-ils cette piété des héros d'Homère, comme ils en ont la valeur. La prière de Diomède fut-elle exaucée ?

RÉPONSE.

Minerve l'exauça et lui rendit sur l'heure même toute la force et toute la légèreté qu'il avait d'ordinaire ; et, s'étant approchée de lui, elle lui parla en ces termes :

« Θαρσῶν νῦν, Διόμηδες, ἐπὶ Τρώεσσι μάχεσθαι·
ἐν γάρ τοι στήθεσσι μένος πατρώϊον ἧκα
ἄτρομον, οἷον ἔχεσκε σακέσπαλος ἱππότα Τυδεύς. (²)

« J'ai mis dans votre cœur le courage et la force qui sont héréditaires dans votre famille, et qui ont accompagné le grand Tydée, tant qu'il a vécu. »

(1) V. 115 et suiv.
(2) V. 124 et suiv.

Ἀχλὺν δ᾽ αὖ τοι ἀπ᾽ὀφθαλμῶν ἕλον, ἣ πρὶν ἐπῆεν,

ὄφρ᾽ εὖ γιγνώσκῃς ἠμὲν θεὸν ἠδὲ καὶ ἄνδρα. (¹)

« J'ai aussi fait tomber de vos yeux le nuage qui les couvrait, afin que vous puissiez discerner les dieux d'avec les hommes. »

Τῷ νῦν, αἴ κε θεὸς πειρώμενος ἐνθάδ᾽ἵκηται,

μήτι σύγ᾽ ἀθανάτοισι θεοῖς ἀντικρὺ μάχεσθαι

τοῖς ἄλλοις· ἀτὰρ εἴ κε Διὸς θυγάτηρ Ἀφροδίτη

ἔλθῃσ᾽ἐς πόλεμον, τήνγ᾽οὐτάμεν ὀξέϊ χαλκῷ. » (²)

« C'est pourquoi, si quelque Dieu vient pour vous surprendre sous une forme humaine, gardez-vous de combattre contre les immortels : si ce n'est contre la seule fille de Jupiter, contre la belle Vénus ; si elle se hasarde à venir dans les combats, tirez hardiment sur elle, et la blessez sans hésiter. »

DEMANDE.

Les partisans d'Homère prétendent que son poème est partout instructif, mais, sans nous laisser trop prévenir en sa faveur, il me semble que, sans se mettre l'esprit à la torture, on pourrait tirer de cet endroit quelque instruction. Découvrez-nous ce qui pourrait être caché sous le voile de cette allégorie.

RÉPONSE.

Ou je m'abuse, ou je crois l'entrevoir. Il me semble qu'Homère, feignant que Minerve vient au secours de Diomède, nous apprend que le plus ferme courage se dément et s'abat si Dieu ne le soutient. C'est lui seul qui donne la victoire. Que pouvons-nous par nous-mêmes, faibles mortels, s'il ne nous protège ? Quand Minerve dit à Diomède qu'elle lui a mis dans le cœur le courage de ses ancêtres, n'est-ce pas enseigner aux hommes cette grande vérité que les vertus qui passent des pères aux enfants, et qu'on regarde comme héréditaires, sont pourtant des dons du ciel? C'est Dieu qui les conserve, qui les perpétue

(1) V. 127 et suiv.
(2) V. 129 et suiv.

dans les familles, et nullement ce sang qui les transmet. On a beau dire : *fortes creantur [a] fortibus*. Combien de fois des aigles ont-elles été engendrées des colombes ? Lorsqu'elle ajoute qu'elle a fait tomber de ses yeux le nuage qui les couvrait, n'est-ce pas nous apprendre que la prudence humaine a besoin d'être éclairée d'en haut ? Il n'y a que Dieu qui puisse ouvrir les yeux aux hommes pour leur faire voir ce qu'ils ne voyaient pas ou ce qu'ils seraient incapables de voir par eux-mêmes. Nos lumières ne sont que ténèbres, si le ciel ne nous dessille les yeux. Si elle conseille à Diomède de ne combattre que contre Vénus, n'est-ce pas apprendre aux guerriers qu'ils ne doivent jamais se laisser vaincre par une si faible divinité ? Combien de héros dans les bras de la mollesse ont énervé leur courage et terni leur gloire !

DEMANDE.

L'antagoniste de Mme Dacier vous le pardonnerait, je pense, tant vous mettez d'esprit dans votre explication d'Homère. Du moins on ne peut que vous louer de la sagesse que vous faites paraître. Mais poursuivons. Diomède, soutenu de la protection de Minerve, doit faire des exploits extraordinaires :

> Τυδείδης δ'ἐξαῦτις ἰὼν προμάχοισιν ἐμίχθη·
> καὶ, πρίν περ θυμῷ μεμαὼς Τρώεσσι μάχεσθαι,
> δὴ τότε μιν τρὶς τόσσον ἕλεν μένος, ὥστε λέοντα,
> ὅν ῥά τε ποιμὴν ἀγρῷ ἐπ' εἰροπόκοις ὀίεσσιν
> χραύσῃ μέν τ' αὐλῆς ὑπεράλμενον, οὐδὲ δαμάσσῃ·
> τοῦ μεν τε σθένος ὦρσεν ἔπειτα δέ τ' οὐ προσαμύνει,
> ἀλλὰ κατὰ σταθμοὺς δύεται, τὰ δ'ἐρῆμα φοβεῖται·
> αἱ μέν τ'ἀγχιστῖναι ἐπ' ἀλλήλῃσι κέχυνται,
> αὐτὰρ ὁ ἐμμεμαὼς βαθέης ἐξάλλεται αὐλῆς·
> ὣς μεμαὼς Τρώεσσι μίγη κρατερὸς Διομήδης.
> Ἔνθ'ἕλεν Ἀστύνοον καὶ Ὑπείρονα, ποιμένα λαῶν, . . . (1)

____
(1) V. 134 et suiv.

« Ce héros, retournant au combat, se met à la tête des plus
avancés ; il avait déjà combattu avec beaucoup de courage,
mais alors il sentit ses forces et son audace augmentées infini-
ment : comme un lion qu'un berger n'a pu tuer, mais qu'il a
blessé légèrement dans un pâturage, lorsqu'il s'élançait pour
se jeter dans un parc de brebis ; sa blessure n'a fait que redoubler ses forces, et irriter son courage : le berger n'osant plus
s'opposer à sa fureur, va se cacher dans sa loge, et ses brebis
abandonnées et saisies de frayeur courent se tapir les unes
sous les autres ; l'animal avide de sang franchit les barrières
qui les défendent, et se jette au milieu du troupeau : il en fait
une nouvelle boucherie. Tel et plus furieux encore Diomède se
jette au milieu des ennemis, il tue d'abord Astynoüs et le
prince Hypéron.

DEMANDE.

Quoique mon dessein ne soit pas de vous engager à expliquer Homère en grammairien, cependant souffrez que je vous
demande raison de ce terme ἐξάλλεται. Ne signifie-t-il pas :
« Saute hors du parc ». Du moins bien des commentateurs
l'ont expliqué de cette façon.

RÉPONSE.

Cette signification détruirait l'image qu'Homère veut donner
ici. On n'a pas songé que la préposition ἐκ ou ἐξ ne marque pas
toujours le dehors, mais la hauteur, et marque l'élancement
qu'on fait pour franchir une barrière, soit qu'on y veuille entrer
ou en sortir.

DEMANDE.

Voilà ce qui s'appelle sentir la force des mots, mais occupons-
nous plutôt des choses, et voyons ce lion furieux qui se jette
sur les Troyens comme sur de timides brebis : il en fait une
terrible déconfiture. Quoi ! ne rencontrera-t-il aucun capable
de lui résister :

A vaincre sans effort on triomphe sans gloire.

RÉPONSE.

Enée, voyant les ravages que ce redoutable guerrier fait dans tous les rangs, se jette au milieu de la bataille pour voir s'il ne trouverait point le vaillant Pandarus. Dès qu'il l'eût aperçu, il le joignit et lui parla en ces termes :

« Πάνδαρε, ποῦ τοι τόξον ἰδὲ πτερόεντες ὀιστοὶ
καὶ κλέος ; ᾧ οὔτίς τοι ἐρίζεται ἐνθάδε γ' ἀνὴρ,
οὐδέ τις ἐν Λυκίη σέο γ' εὔχεται εἶναι ἀμείνων.
Ἀλλ' ἄγε τῷδ' ἔφες ἀνδρὶ βέλος, Διὶ χεῖρας ἀνασχὼν
ὅστις ὅδε κρατέει καὶ δὴ κακὰ πολλὰ ἔοργεν
Τρῶας, ἐπεὶ πολλῶν τε καὶ ἐσθλῶν γούνατ' ἔλυσεν·
εἰ μή τις θεός ἐστι κοτεσσάμενος Τρώεσσιν,
ἱρῶν μηνίσας· χαλεπὴ δέ θεοῦ ἔπι μῆνις. » (¹)

« Pandarus, où est donc votre arc, où sont vos flèches ailées qui portent la douleur ou la mort partout où vous les adressez ? où est la gloire qu'elles vous ont acquise ? cette gloire qui vous met au rang ou même au-dessus de tout ce qu'il y a de grands capitaines, et qui fait que, dans toute la Lycie, personne n'ose se comparer à vous. Allons donc, invoquez Jupiter, et décochez un de vos traits sur un homme que la victoire suit partout, et qui a déjà fait une infinité de maux aux Troyens ; car il a tué un grand nombre de nos plus braves chefs : c'est à votre arc à faire cesser ce désordre, à moins que ce Diomède ne soit quelqu'un des immortels, à qui nos sacrifices n'aient pas été agréables, et qui soit irrité contre nous, ce qui serait bien déplorable, car la colère des dieux est terrible et difficile à apaiser. »

Vous voyez, Monsieur, paraître sur les rangs le pieux Enée : quel éloge pour Diomède ! Homère se souvient bien du dessein que Minerve a eu de faire éclater la valeur de Diomède par-dessus celle de tous les autres héros ; il lui fait faire des exploits qui font douter si c'est un homme ou un Dieu.

DEMANDE.

Cependant il n'était qu'un mortel, et s'il est attaqué par deux

(1) V. 171 et suiv.

guerriers si redoutables, il pourra bien succomber. Je vois que son ami Sthénélus lui conseille fort prudemment de s'éloigner de la mêlée, de peur que son courage ne lui soit funeste et qu'on ne tranche enfin une vie si précieuse et si nécessaire à tous les Grecs.

RÉPONSE.

Que Diomède évite le sentier de la gloire, c'est ce qu'il ne faut pas attendre de lui. Ecoutons sa réponse :

Τὸν δ'ἄρ'ὑπόδρα ἰδὼν προςέφη κρατερὸς Διομήδης·
Μήτι φόβονδ'ἀγόρευ', ἐπεὶ οὐδὲ σὲ πειτέμεν οἴω· (1)

« Le grand Diomède le regardant avec des yeux pleins de colère : « Ne me parle point de fuir, lui dit-il, d'un ton terrible ; tes conseils sont superflus. »

Οὐ γάρ μοι γενναῖον ἀλυσκάζοντι μάχεσθαι
οὐδὲ καταπτώσσειν· ἔτι μοι μένος ἔμπεδόν ἐστιν·
ὀκνέιω δ'ἵππων ἐπιβαινέμεν, ἀλλὰ καὶ αὔτως
ἀντίον εἶμ 'αὐτῶν' τρεῖν μ'οὐκ ἐᾷ Παλλὰς Ἀθήνη. (2)

« Ce n'est point au fils de Tydée à connaître la fuite ou la peur ; mes forces sont entières, et mon courage n'est point épuisé ; je ne daignerai pas même monter sur mon char ; mais j'irai à pied, comme je suis, au-devant de ces deux guerriers qui te paraissent si redoutables. Minerve ne me permet pas de rien craindre. »

DEMANDE.

Tant que cette déesse le protégera, il pourra être invincible, blesser même et Mars et Vénus ; mais dès qu'elle lui retirera son secours, je crains qu'il ne devienne téméraire : Dionée présage d'avance sa chute prochaine. Donnez-vous la peine de passer au vers 406 : νήπιος, οὐδὲ...

(1) V. 251 et suiv.
(2) V. 252 et suiv.

RÉPONSE.

νήπιος, οὐδὲ τὸ οἶδε κατὰ φρένα Τυδέος υἱὸς,

ὅττι μάλ'οὐ δηναιὸς ὃς ἀθανάτοισι μάχηται,

οὐδέ τί μιν παῖδες ποτὶ γούνασι παππάζουσιν

ἐλθόντ'ἐκ πολέμοιο καὶ αἰνῆς δηιοτῆτος. (¹)

« L'insensé ne s'est pas souvenu que ceux qui ont la folie de
combattre contre les dieux, ne demeurent pas longtemps sur
la terre, et que leurs tendres enfants ne s'asseyent pas sur
leurs genoux, et ne leur donnent pas le doux nom de père au
retour de leurs expéditions et de leurs victoires sanglantes. »

Τῷ νῦν Τυδείδης, εἰ καὶ μάλα καρτερός ἐστιν,

φραζέσθω μή τίς οἱ ἀμείνων σεῖο μάχηται,

μὴ δὴν Αἰγιάλεια, περίφρων Ἀδρηστίνη,

ἐξ ὕπνου γοόωσα φίλους οἰκῆας ἐγείρῃ,

κουρίδιον ποθέουσα πόσιν, τὸν ἄριστον Ἀχαιῶν,

ἰφθίμη ἄλοχος Διομήδεος ἱπποδάμοιο. (²)

« Que ce Diomède, tout brave qu'il est, prenne garde qu'un
jour quelque Dieu plus fort que lui ne combatte contre lui, et
que bientôt la sage fille d'Adraste, la généreuse Egialée, femme
de ce valeureux guerrier, effrayée la nuit par quelque songe
sinistre, ne remplisse son palais de cris, et n'éveille toute sa
maison en demandant son mari le plus vaillant des Grecs, son
mari le premier et le seul objet de ses feux. »

Cette prédiction de Dionée est une excellente leçon pour ces
hommes qui sont toujours portés à faire un abus honteux des
faveurs du ciel. Diomède s'oublie aisément, et il ose se jeter
jusqu'à quatre fois sur Enée qu'Apollon défendait, et s'attire de
la part de ce Dieu une vive réprimande : il lui parle en ces
termes :

(1) V. 406 et suiv.
(2) V. 410 et suiv.

« Φράζεο, Τυδείδη, καὶ χάζεο, μηδὲ θεοῖσιν

ἶσ᾽ ἔθελε φρονέειν, ἐπεὶ οὔποτε φῦλον ὁμοῖον

ἀθανάτων τε θεῶν χαμαὶ ἐρχομένων τ᾽ ἀνθρώπων. » (¹)

« Rentre en toi-même, fils de Tydée, retire-toi, et ne sois pas assez insensé pour prétendre t'égaler aux dieux : il y a une différence infinie entre l'essence toujours permanente des dieux immortels qui habitent les cieux, et le néant des mortels qui rampent sur la terre. »

DEMANDE.

Voilà, Monsieur, un beau champ qui s'ouvre à la critique, et si nous voulions faire passer en revue tous les héros d'Homère, nous verrions qu'ils ne sont pas sans défauts. Je remarque surtout qu'ils sont vains, et dédaignent même les apparences de la modestie. Que ne connaissaient-ils aussi bien que vous cette grandeur d'âme qui nous porte par goût aux actions louables sans envisager les louanges qu'elles peuvent nous attirer ! Cependant pourrait-on en refuser à votre ardeur pour l'étude et à ce désir véhément que vous faites paraître de devenir un très habile homme ? Je vous invite à y persévérer.

E. J.

(1) V. 440 et suiv.

Vitry, Imp. du *Messager*.

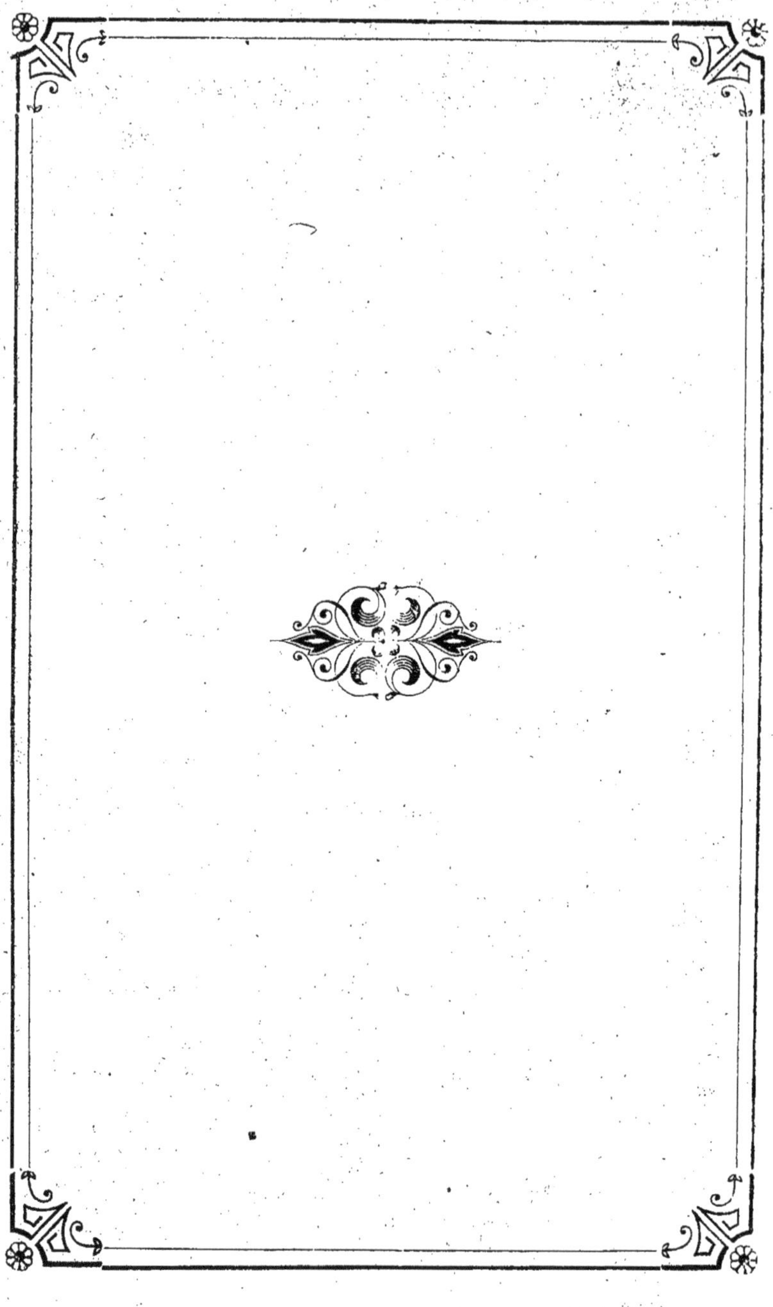

www.ingramcontent.com/pod-product-compliance
Ingram Content Group UK Ltd.
Pitfield, Milton Keynes, MK11 3LW, UK
UKHW020331130726
13696UKWH00003B/1274